JN220486

一生 お金に困らない人
死ぬまで お金に困る人

大和書房

はじめに

もう知らないことを言い訳にしないために

はじめまして。ファイナンシャルプランナーの中嶋よしふみです。たぶん、名前を聞いたことがない人のほうが多いと思いますので、簡単にファイナンシャルプランナーという仕事と自分について紹介をしたいと思います。

ファイナンシャルプランナー（以下、ＦＰ）と聞いてもピンとこない人も多いかもしれませんが、お金に関するアドバイスをする人です。「保険を売る人でしょ」と思った人は半分正解です。金融機関で働く人の多くがこの資格を取得しています。

自分の場合は、金融機関に属さず、生命保険も売らず、アドバイスだけを提供している日本では数少ないＦＰです。アドバイスだけをする人が少ない理由は、有料相談にお金を払うお客さんが少ないからです。

そんな状況でなぜ自分が食えているのか、その理由はブログです。

震災直後に開業をしましたが、お客さんはゼロ。それから1年近く経ち、仕方なく始めたブログが開設1か月後にブレイクしたことで状況は一変しました。FP本来のスタイルでありながら、ほとんどのFPが実現できていない有料相談での集客を、駆け出しのFPが成功させたわけです。

ブレイクのきっかけとなった記事は2つあります（＊）。どちらも住宅に関する記事でしたので、現在、住宅購入の相談がメインとなりました。家を買う人の多くが30代ですので、1979年生まれの自分は、お客さんと同世代で感覚が近かったこともプラスに働いたと思います。

＊「持ち家は資産か？　持ち家に関する二つの幻想」（2012年4月1日）
＊「『持ち家と賃貸はどっちが得か？』とか『家賃を払うのはもったいない』とかいまだに言ってる不動産業者やファイナンシャルプランナーは、相当ヤバイ　その1」（2012年7月13日）
（いずれも「シェアーズカフェのブログ」に掲載）

現在、自分は2つの事業を運営しています。

ＦＰ事業は、個人向けに住宅・保険・投資・家計などに関する有料の相談やアドバイスを提供しています。メディア事業は、個人としてはブログを執筆し、ヤフーニュースなど多数のメディアに掲載されています。ほかには、経済誌などでの連載や執筆、インタビューや取材などもあります。

もう一つが「シェアーズカフェ・オンライン」というウェブメディアの運営です。これは、主に税理士や社労士、司法書士などの専門家や大学教授など、専門家が情報発信をするマネー・ビジネスに関するウェブメディアです。現在はヤフーニュース、ｇｏｏニュース、アゴラ 言論プラットフォーム、ブロゴス、ハフィントンポスト日本版といった大手メディアにも配信しています。自分は編集長として書き手に鬼の執筆指導をしています。

整理をすると、自分にはお金のアドバイス、記事の執筆とメディア運営、専門家への執筆指導、そしてこれらの事業を運営する会社の経営と４つあり、お金の本である本書はその集大成です。

普通の人生を送るために。

本書は自分にとって2冊目の本です。1冊目は住宅ローンに関する本でしたが、2冊目は住宅や保険、資産運用などの応用問題を解く前に読む**「お金の知識」**に関する本として書きました。すべて日々の相談業務で培った門外不出のノウハウです。

ただ一番大切なことは、ノウハウではなく楽しい生活を送ることです。**お金もお金に関する知識も、楽しく生活をするための手段にすぎません**。

日常生活を送る上で、日本語の読み書きができないと困ってしまいます。簡単な算数を知らないと買い物ができませんし、時計の見方や電車の乗り方を知らないと学校や会社にも行けません。つまり、最低限の知識や常識がないと、まともな日常生活は送れません。

「お金の知識」がない人はどうなるのでしょうか。

貯金ができず、過剰な買い物でいつも借金だらけ、結婚しても安定した生活を送ることはできず、子育て費用が不足して、子供を習いごとや塾に通わせることもできず、老後は生活に困るかもしれません。もっとひどいと、投資詐欺や悪徳商法に引っかかってしまう可能性もあります。

本人は「なんでこんなにお金で困るんだろう？」と不思議でしょうがないかもしれませんが、お金の知識を学んでいない人がお金で困るのは当たり前のことです。

そして、**お金の知識は学校でも会社でも家でも誰も教えてくれません。まったく学んでいない人のほうが多数派ですから、ある意味で恐ろしい状況です**。別の見方をすれば、お金の知識はちょっと学ぶだけでほかの人よりも有利に立てるとも言えます。

お金の知識が生活水準を決める。

将来の日本は人口が減少します。若者が減って高齢者が増え、年金や医療費などの重い負担を少ない若者で支えることになります。つまり、今の若者は負担を引き受ける損な役回りになることが確定しています。

ババをつかまされた世代として生まれた現代の若者はお金の知識を身につけないと、読者であるあなたはもちろん、ともに暮らすパートナーにも子供にも惨めな生活が待っています。

本書は、まだ学生や社会人になったばかりの人ならば「早く手に取ることができてよかった」と、すでに働いている人には「手遅れにならずにすんでよかった」と言ってもらえるような内容になっています。


お金の管理の仕方、貯め方、増やし方、使い方についてひと通り書きましたが、テクニックはもちろん、一生使えるように、その背景にある考え方も丁寧に説明しました。ただの節約本やマネー本ではなく、お金と人生の関係を考えるきっかけになる内容です。

「バブルを知らない世代」として、同年代で自分以上に多数の有料相談をしているFPは、ほかにほとんどいません。本書は、そんなFPが書いた本です。初めて手に取るお金の入門書として、多くの人に読んでいただければと思います。

Contents

1 はじめに　もう知らないことを言い訳にしないために

プロローグ
50億円稼いでもお金持ちになれなかった、あの人の話。

14 「悩み相談で1800万円もらえます」という詐欺に数万人が引っかかった。

18 やりたくないことをやらないためにお金を貯める。

Chapter 1
家計簿はいらない。

24 年収1100万円なのに貯金ができませんという男性に、本気でアドバイスをしてみた。

31 支出の分類は3つでいい。
45 30歳で年収600万円の友人が結婚後に貯金を増やせなかった理由。

Chapter 2
「無駄遣いを減らす」という勘違いについて。

60 保険に入りすぎるとかえってキケン、という話。
64 保険は「発生頻度」と「影響度」で考える。
70 「通信料」は簡単に削ることができる。
76 「洋服代」を削る3つの方法。
90 「年収240万円でも子育てをしながら普通に生活できる」と書いたらネットで叩かれた。
94 結婚式には300万円かかる、という勘違い。

100 子育てにお金はかかるけど、出産は義務ではないという話。
102 奨学金が残っているから結婚できない、という勘違いについて。
106 奨学金を借りると風俗店で働いて返すことになる、という勘違い。

Chapter 3 「ラクして確実に儲かる方法」をFPが本気で考えてみた。

112 確実に儲かる方法を探してみたら、案外たくさん見つかった件について。
114 貯金をするだけで大儲けする仕組み「確定拠出年金」ってなんだ?
121 2000円で日本全国の特産品をゲット。「ふるさと納税」というハンターチャンス。
124 公的制度は受け身でいると利用できません、という話。

【知っておくべき公的制度①】万が一に備えるもの 126
【知っておくべき公的制度②】子供がいる人、これから産む人へ 133
【知っておくべき公的制度③】働くすべての人へ 135
これだけ知っとけば死ぬまで応用がきく、投資とギャンブルの違い。 139
好きなことで、生きていく……？ ブログとユーチューブで収入を得る方法。 145
「ラクして大儲け」は案外ラクじゃない件について。 156
投資詐欺は頭のいい人でも引っかかる。 163
バイキング式のレストランで給仕を待つ君たちへ。 171

Chapter 4
お金の使い方と生き方は同じ、という話。

180 ミニマリストはお金持ちへの近道？
モノとお金と人生の関係。
186 お金の知識で部屋を片づける方法。
189 トヨタ方式でゴミ捨てと部屋の整理をしてみた。
193 お金の問題はお金で解決すればいい、という話。
204 「ときめくものに囲まれると人生が変わる」という、
こんまり先生のアドバイスは本当だった。

Chapter 5
貧乏人になる方法。

223 【タバコを吸う】
タバコを吸うと貧乏になって嫌われる上に死ぬ件について。
227 【料理をしない】
死ぬより生きてるほうが悲惨な場合もあるんです。

【専業主婦になる】
節約で収入減少の穴埋めはできません。 230

【一人暮らしをする】
実家住まいが最強。 233

【リボ払い】
お金を捨てたい人に最適な返済方法♪ 236

【独身で家を買う】
何千万円も払って足かせを買う人たち。 239

【車を持つ】
その車、使ってませんよね? 242

【離婚】
離婚をすると貧乏人になります。特に女性。 244

【子供を産む】
子供のいない夫婦は貯金が多いという身も蓋もない話 247

【私立学校に通わせる】
私立学校の代償は老後にやってくる。 250

プロローグ

50億円稼いでも
お金持ちに
なれなかった、
あの人の話。

「悩み相談で1800万円もらえます」という詐欺に数万人が引っかかった。

最初に2つ、お金に関する「怖い話」をしてみたいと思います。

2016年5月、ある詐欺グループが逮捕されました。詐欺の内容は、お金持ちの悩み相談にのってあげるだけで高額な相談料がもらえますと女性に持ちかけ、逆にお金をだまし取るというあまりにバカげたものです。

報酬として1800万円という額が提示されたケースもあったようです。被害者は数万人もいたといいます。相談の報酬を受け取るために登録料が必要だと偽って、お金をだまし取っていたようです。

被害者からお金を巻き上げる方法に、ネット通販大手・アマゾンのギフト券を買わせて、その利用番号をメールで送らせて換金をするという、ズル賢い手口まで使われていました。アマゾンのギフト券は、暗号のような英数字の組み合わせをウェブ上で登録する仕組みになっています。振り込みでお金を受け取れば、引き出す際に捕まってしまうことを警戒していたのでしょう。もちろん結局は捕まったのですが、**お金の知識では被害者より犯人のほうが何枚も上手だった**わけです。

そこまでバカな話に自分は引っかからないと思う人は多いかもしれませんが、投資の世界では投資詐欺で数億円、数十億円単位の被害が発生することは珍しくありません。

自分は投資詐欺の相談も受けていますが、相談者の特徴に、頭が悪い人とか強欲な人という共通点はいっさいありません。実際はその真逆で、頭がいい人、真っ当な職業について収入の高い人、そしてお金のことをちゃんと考えている人と、一見するととても詐欺に引っかかりそうにない人ばかりです。

そもそもだます側は自分を詐欺とは言いませんし、詐欺師はだますことを仕事にしているプロです。お金のことを考えていない人は投資もやりません。つまり、**お金の知識がないにもかかわらず「自分はだまされるわけがない」と考えている人が一番危ない**わけです（詳しくは第3章で解説しています）。

詐欺ではなくても、不利な行動で損をしたり、トクをする機会を逃している人は大勢います。そんな状況が何十年も続けば将来的に埋めようのないほど大きな差となります。

50億円稼いでもお金持ちになれなかった、あの人の話。

１９８０年代当時、プロ野球界のスターと言えば、巨人の桑田真澄と西武の清原和博でした。二人が主人公の漫画まであったくらいです。今の若い人にとって清原氏は、「バラエティ番組で見かける肌の焼けた、ちょっとコワモテの人」くらいの印象しかないかもしれませんが、自分が小さいころは誰もが名前を知るスーパースターでした。

現在、残念なことに清原氏は罪を犯して逮捕されてしまいましたが、世間に逮捕以上の衝撃を与えた話がありました。お金に困っているという話です。

あくまで各種報道が正しければということになりますが、現役時代にプロ野球選手として稼いだ額は50億円以上、ＣＭやテレビ出演など、そのほかの収入も合わせると60億円以上と、一般人と比べてケタが違います。

いっぽうで高級な外車や宝飾品、一晩で最高５００万円とも言われる飲食代などの無茶《むちゃ》苦茶《くちゃ》な浪費、そして離婚によって生じた養育費などで稼いだお金は消えたといわれています。逮捕後には、弁護士費用の工面にも困るほどと報じられました。

これだけ収入が多ければ税金で半分ほど持っていかれていると思いますが、それにしてもサラリーマンの生涯年収で20人分以上も稼いでいるのにお金が残っていない状況に絶句した人もいるでしょう。

こんなお金持ちの人がなぜ？　と思うかもしれません。ただ、**多くの人が誤解していることは、お金持ちを「収入が高い人」、そして「お金をたくさん使う人」だと思い込んでいること**です。

「お金持ち」とは、その言葉どおりお金をたくさん持っている人です。英語ではミリオネア（百万長者）とかビリオネア（億万長者）と言いますが、これは収入ではなく保有資産の話です。ミリオネアなら100万ドル、今のレートなら日本円で1億円くらいの資産を持っている人ですから、お金持ちと言われても違和感はないでしょう。

日本ではお金持ちを、お金をたくさん稼いでたくさん使っている人だと思われていますが、それは間違いです。お金持ちとたくさん稼ぐ人はイコールではありませんし、お金持ちとお金をたくさん使う人は真逆の存在です。清原氏の収入はほかの人より何十倍も多かったはずですが、それ以上に使ってしまったのでお金持ちにはなれませんでした。

やりたくないことをやらないために
お金を貯める。

この本で伝えたいことは、お金持ちになりましょうという話ではなく、着実にお金を貯めること、資産を築くことのすすめです。そのためにお金の知識を身につけてほしいと考えています。

世の中には、お金がすべてという人もいれば、ケチケチ貯めるなんてみっともない、宵越しの銭は持たないという人もいます。

自分から見ればどちらも正しくありません。「何のためにお金を貯めるのか」、そして「何のためにお金を使うのか」どちらも考えていないからです。

断言しますが、**お金を貯めるべき理由は二つだけです**。

一つは、やりたいことをやるため。

もう一つは、やりたくないことをやらないためです。

ポジティブな面では、楽しい生活を送るためです。

趣味や子育てにお金をかける、欲しい家を買う、安心して老後の生活を送るなど。これは人それぞれですから何に使っても構いません。エステが命という人も過去にはいましたし、化粧品は何があっても削れない、車を持てないなら死んだほうがましという人もいました。

子供2人の習いごとで月謝が20万円の人、無給になってもいいから長期休暇を取って被災地のボランティアへ行きたい人など、いろんな人がいます。

バカらしく感じるものもあるかもしれませんが、本人が必要だと思うのならそれは正しいのです。重要なことは、**誰かの価値観や赤の他人であるファイナンシャルプランナーのおせっかいなアドバイスで我慢をすることではなく、やりたいことをやるために必要なお金を確保すること**です。

いっぽう、ネガティブな面では、自分を守るためにお金は役に立ちます。

たとえば、度重なる違法行為で働く人を苦しめるブラック企業は、なぜ存在するのでしょうか。まずは悪質な経営者がいるから、次にそんな会社を行政や警察がキッチリ取り締まってくれないから、そして、ブラック企業で働き続ける人がいるからです。

もしブラック企業で働く人が貯金をたくさん持っていたら、どうでしょうか。入社3日後に残業代が支払われないとわかった時点で「こんなふざけた職場で誰が働くか！」とすぐに会社を辞めることも可能なはずです。

近年たびたび報じられていますが、日本を代表する大手企業で、会社ぐるみの不正行為や違法行為が行なわれていました。とても胸を張って人には言えない仕事を上司や経営者から命じられたとき、なぜ多くの人はそれにしたがったのでしょうか。

理由はさまざまだと思いますが、高い給料を失うと生活ができなくなるから、ということも大きかったと思います。住宅ローンや子育てにお金がかかっている状況ならば、簡単に仕事を辞めることはできません。

そんな違法行為を「誰がやるかバカヤロー！」と拒否をして、正しい生き方を貫《つらぬ》くには、強さが必要です。その強さの一つが、**一時的に収入が途絶えても生きていけるだけの貯金があるかどうか**です。

もう一つは、自治体から生活費を借りられる制度（生活福祉資金貸付制度など）を知っている、といったお金の知識です。

「ウチの会社は大丈夫」という人も、もしかしたら将来の転職先がそんな会社の可能性もあります。あるいは、異動先の部署にパワハラ上司やセクハラ上司がいて、声をあげざるをえないかもしれません。どんなひどい上司でも上司に違いはありません。上司にたてつくことは、会社にたてつくことですから、退職を覚悟する必要があるかもしれません。

そんなときにも必要なものは、「お金とお金の知識」です。

自分から会社を辞めると失業保険（雇用保険）をもらえるまで3か月もかかりますが、一定の条件を満たせば、会社が潰れたり解雇されたときと同様に、すぐにもらうことができます（詳しくは第3章で解説しています）。

「老後の生活が不安」といった理由でこの本を手に取った方もいると思いますが、何十年も先の生活のために、お金の使い方を一から見直すことは難しいかもしれません。ある日突然訪れるかもしれないリスクを避けるため、ということも考えていただければと思います。

お金がないばかりに、お金の知識がないばかりにやりたいことができない、ブラック企業から逃げられない、違法行為に手を染めざるをえない……そんな人がどれだけいるかと考えれば、お金の知識を身につけてお金を貯めることがいかに重要かわかってもらえるのではないでしょうか。

節約やお金を貯めるといった話は、表面だけ見れば小さな損得に関わる底の浅い話に感じるかもしれませんが、その本質は自分らしく生きていくために必須の武器だと言えるのです。

Chapter 1

家計簿はいらない。

年収1100万円なのに貯金ができませんという男性に、本気でアドバイスをしてみた。

ファイナンシャルプランナー（以下、FP）として開業してから、今年で6年目になりました。年齢も、収入も、考え方もまったく違う人にアドバイスをしてきましたが、じつは一番難しいのは「家計の管理や節約」です。

FPが扱う分野には、住宅・保険・投資など、さまざまなカテゴリーがありますが、家計の管理は手間がかかる上に正しい手順も確立されていません。結果的に100人のFPがいれば100人全員が独自に、悪く言えば、好き勝手にアドバイスをしているような状況です。

なんともひどい状況ですが、この章では、根拠があり誰でも簡単に使いこなせる家計管理の方法を伝えたいと思います。

以前とあるサイトからメールが届きました。お金の相談をしたい人が無料で書き込めるサイトです。開業間もないころでまだお客さんが少なく、あまりにヒマなときや気が向いたときだけ、このサイトに回答していたこともありました。登録したまま放置していたので、今でもときどきメールが届くのですが、質問内容は「年収1100万円で貯金ができない」という40代男性からのものでした。

その人はすでに結婚をしていて、奥さんは専業主婦で小さな子供が2人いるとのことです。住宅を買ったばかりですが、毎月のローン返済額は10万円台半ばと、収入を考えれば問題のない水準です。それでもお金が貯まらない状態に、相談者は不思議でしょうがないようでした。

自分の回答は、「〝無駄遣いを減らす〟という考えをまずやめましょう」というアドバイスになります。

対価としてお金を払っている以上、一見無駄に見える支出にも意味はあります。以前、家計のアドバイスは支出項目を一つひとつ見て「洋服代が結構多いですね」とか、「そのほかの支出がずいぶん多いようですけど、具体的には何に使っていますか?」と確認をしていました。

では、その結果支出を削れたかというと、まったく削れませんでした。「この支出は無駄なので今後は買いません」という回答を引き出せたことは一度もなかったのです。

どんな支出にも「この支出はこういう理由で……」と必ず何かしらの意味があります。「そんなことを言っていたら節約なんてできない」と思うかもしれませんが、実際話を聞いてみると、支出にはそれなりの根拠があります。無理に削れば、生活の満足度が下がるのは明白です。

年収が1100万円もあれば、貯金をするなんて簡単と思うかもしれません。ただ、この男性が「今後は無駄を減らして毎年100万円を貯めたい」と考えるのなら、1か月あたり8万円以上の無駄を「発見」する必要があります。どんなにズボラな人でも8万円も無駄に支出していることは絶対にありません。

しかし、支出を減らすこと自体は可能なはずです。家族4人で生活するために1100万円の年収がないと生きていけないのなら、多くの日本人が死んでしまいます。

つまり、支出を削るべき箇所を「無駄」に限定していることが、そもそもおかしいわけです。**貯金をするには、「無駄を削る」のではなく、「本人にとっては当たり前の支出、必要だと思っていた支出を削る」必要があります。**それが痛みをともなうリストラです。身も蓋《ふた》もない言い方をすると、「生活水準を下げてください」というアドバイスになります。「無駄を削って貯金を増やす」という考え方の裏には、今の生活をいっさい変えずに貯金を増やせる、というムシのいい考えが潜んでいます。

そんな都合のいい話はないですよ、というのが自分からの（たぶん多くの人にとって）耳の痛くなるアドバイスです。こういった考え方を投資や経済の分野では「フリーランチ（タダ飯）の機会はない」とか、「トレードオフ（あちらを立てればこちらが立たぬ）」と言ったりもします。

「金は天下の回りもの」とも言いますし、「自己投資をして収入を増やす」といった考え方も否定はしませんが、多くの人は収入を自分でコントロールできません。自己投資の結果、必ず収入が増えるわけでもありません。

自分でコントロールできるのは「支出」だけです。貯金を増やしたい人、どうしてもやりたいことがある人は、「必要な支出を削る」「生活水準を落とす」という覚悟を決めてほしいと思います。

家計簿作りは時間の無駄。

具体的に、家計を管理して節約する方法を考えてみましょう。

まずは家計簿をつけてくださいという話をすると、たいていの人は挫折《ざせつ》してしまうと思います。

自分のもとに訪れるお客さんは、お金を払ってお金の相談をしようと考えるくらいですから、お金について意識の高い方は多いはずです。そんな人たちでも家計簿をちゃんとつけている家庭は3割程度です。さらにその中で、家計簿を家計管理に活かしている家庭となるとほとんどありません。したがって、家計簿を作るというハードル、次に家計簿を家計管理に活かすというハードルは極めて高いわけです。

そんな状況ですから、家計管理はできるだけ手間をかけないことが重要です。

現在では、家計簿を自分で作らなくとも便利な携帯アプリやウェブサービスがあります。使ったことがある人も多いと思いますが、「マネーフォワード」「Zaim」「Money

tree」といった家計管理アプリです。

これらのアプリの特徴は、ネット上から銀行やクレジットカードなどの明細を取り込み、なかば自動的に家計簿を作ってくれることです。

たとえば、家賃や公共料金が銀行口座やクレジットカードで引き落とされているのなら、その情報を取り込めば、紙やエクセルの家計簿にわざわざ手動でデータを書いたり、打ち込んだりする必要はなくなります。夫婦の口座を登録すれば、アプリ一つでできてしまいます。

これらの**アプリを便利に使うコツは、現金払いを減らすこと**です。

なぜなら現金払いの明細は、紙のレシートしかありませんので、手入力したりカメラで撮影して情報を取り込む必要があるからです。それをなくすためには、電子マネーとクレジットカードを可能な限り駆使してください。

クレジットカードだけでなく、電子マネーも明細を取得できます。一番便利なものは、使える場所が多い**「モバイルSuica」**です。モバイルSuicaはネット上に明細が表示されるので、アプリに登録してしまえば手入力は不要になります。クレジットカードでチャージをしますので、現金のやり取りはありません。

電子マネーは決済も一瞬ですから、一度慣れると現金払いが面倒になってしまうくらいです。クレジットカードで払うほどではない少額の決済を現金ですませている方は多いと思いますが、電子マネーが使えないか、一度お店に確認してみることをおすすめします。

ただ、モバイルＳｕｉｃａで困ってしまう点が２つあります。一つが、現在はｉＰｈｏｎｅで使えないことです。ｉＰｈｏｎｅは残念ながら「おサイフケータイ」に対応していません。

モバイルＳｕｉｃａはおサイフケータイの機能ですから、使うにはアンドロイド系で、おサイフケータイに対応している機種に変更する必要があります（通常のＩＣカードのＳｕｉｃａは、ネット上で明細を見ることができません）。

もう一つの問題が、モバイルＳｕｉｃａの支払いは金額が表示されても明細は「物販」としか表示されないことです。したがって、まずはカード払いを優先させるといいでしょう。「さすがに機種変更までは面倒」という人は、カードタイプのＳｕｉｃａでも構いませんが、チャージは必ずクレジットカードで行ない、その支出は食費・雑費として扱ってください（家計簿の品目については後ほど説明します）。

支出の分類は3つでいい。

テクニック的な面は「家計簿アプリ」と「モバイルSuica」で終わりですが、データだけ記録されても、それを家計管理に活かすことができなければ意味がありません。

家計簿には家賃や電気・ガス・水道などの光熱費、ほかには食費や洋服代など、さまざまな項目があります。これらを可能な限り細かく分類するとより正確につけられそうな気になるかもしれませんが、実際には項目を増やしても意味はありません。

家計の支出は大きく分類して3つで十分です。

それが、**「基本的な生活費」「よくある高額出費」「たまにある高額出費」**です。

「基本的な生活費」は、食費・雑費、家賃、光熱費、通信費、教育費、生命保険料などです。これらの出費の特徴は、**毎月固定的で、いきなり2倍になったり半分になったりとい**

うことがまずありません。ですから、細かく確認する必要はほとんどないわけです。

食費・雑費は一括りにしてしまいます。スーパーやコンビニで食品とそれ以外のものをまとめて買うことはあります。これを分けて計算するには、レシートの中身を分類するという面倒な作業が発生します。したがって、食費と雑費はまとめて構わないことにします。食費・雑費をしっかりクレジットカードや電子マネーで支払えば、それ以外の支出はすべて口座引き落としか、カード払いが普通ですから、先ほど紹介したアプリで手間をかけずに家計簿を作ることができます。

経理の考え方で家計管理をする。

企業の経理では、支出を分析するときに「固定費」と「変動費」という考え方を使います。売り上げが多くても少なくても、毎月一定の額が発生する費用は「固定費」です。たとえば飲食店の経営ならば、家賃や人件費がそれにあたります。いっぽう、売り上げに応じて変化する費用が「変動費」です。これは、材料費が該当します。

家計の支出を固定費と変動費で考えると、**生きている限り必ず発生する費用が「固定**

費」です。このように定義すると家計の支出は、趣味的な支出を除けば、ほとんどが固定費になります。

家賃は、引っ越しをしない限り変わりません。家を買った人の支払い額はほぼ固定されます（金利が半年ごとに変わるタイプならば、そのときどきで変わることはあります）。光熱費は、こまめに電気を消す、お風呂の残り湯を洗濯に使うといった程度ではほとんど減らすことはできません。食費は減らすこともできますが、削減可能な額はたかが知れています。1割削っても数千円で、しかもそれによって生活の満足度は大きく下がります。教育費も習いごとや塾に通わせるかどうかでコントロールできますが、学費は一度入学すれば変更できません。

このように考えると、基本的な生活費はいずれも削減ができない「固定費」か、食費や光熱費など削減が難しい「半固定費」的な位置づけになります（大幅に、そして確実に節約が可能な支出は、通信費（携帯電話料金）と生命保険料ですが、これは次の章で説明します）。

企業会計では、**「固定費が大きい会社は赤字になりやすい」というのは常識**です。売り上げがゼロでもたくさんの費用が出ていく状況は、赤字にならない水準の売り上げ（損益分岐点）が高いことを意味します。

たとえば、固定費が50万円、売り値に占める材料費（原価）の割合が50％の飲食店があったとします。このお店の損も利益も出ないトントンの水準、つまり「損益分岐点」はいくらでしょうか？

この場合、売り上げが100万円でトントンになります。100万円の売り上げから材料費を50万円、固定費を50万円払えばトントンの状況です。もし固定費が80万円ならば、160万円の売り上げでやっとトントンです。業績の悪化した会社がリストラで社員を解雇したり、工場やお店を閉鎖する理由は、このトントンの水準である損益分岐点を下げるために固定費を減らすことが目的です。

そして、家計には「赤字になりやすく利益が出にくい」という、固定費が多い企業と同じ特徴があります。**多くの人が貯金を殖やせずに困っている理由は、決して偶然ではなく構造的な問題がそこにあるから**なのです。

したがって、家計でも基本的な生活費を初めから低めに抑えておくことは、安定した生活を送るために重要なことです。無理な住宅ローンを組まない、私立学校など教育費で無

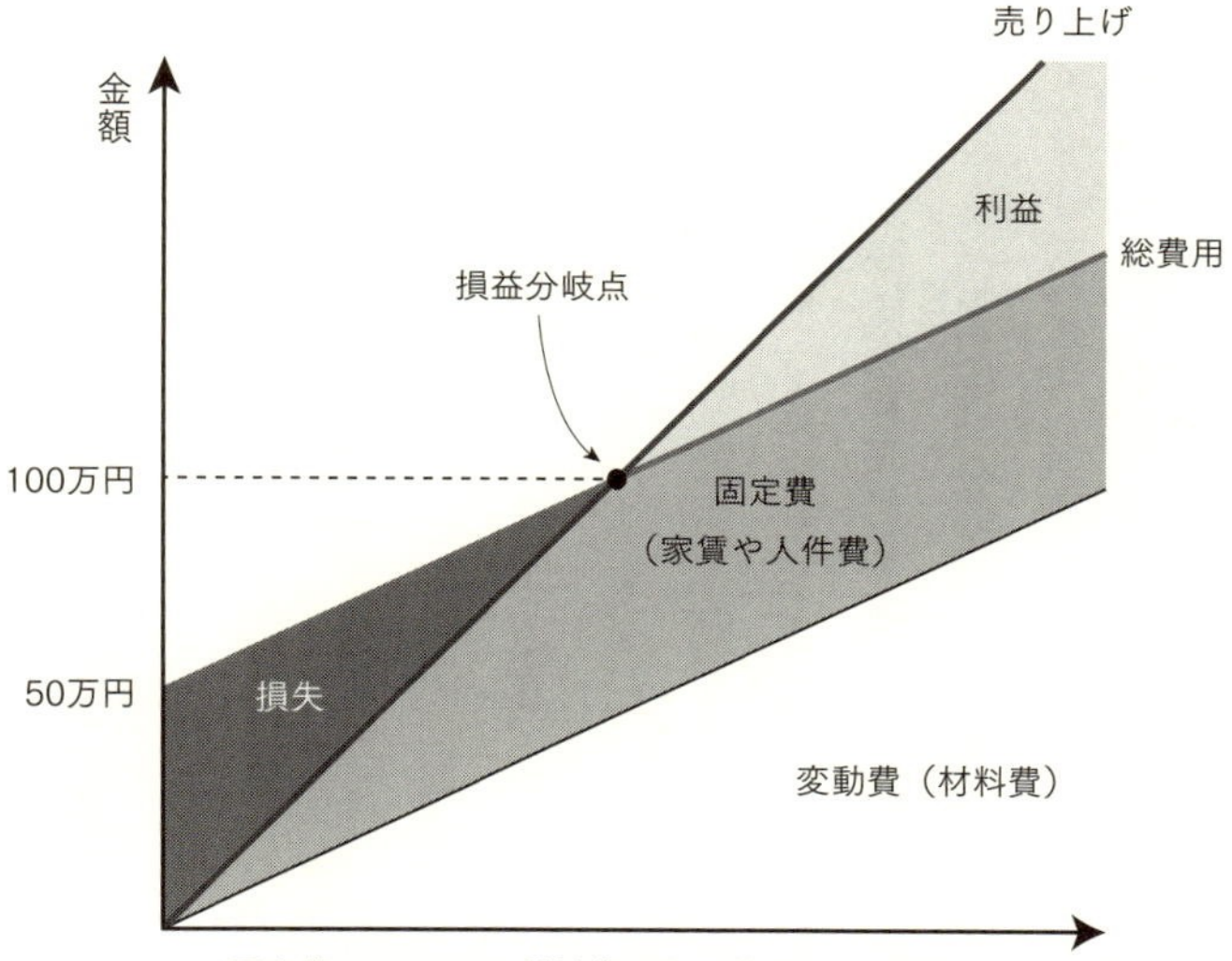

固定費が50万円、材料費が売り値の50％の場合

茶をしない、といった箇所です。

企業でも、家計でも、リストラは簡単にはできません。住宅ローンや学費が払えないとなれば家を売却したり、子供を転校させたりとライフプランが大きくずれるほどの大事件です。おそらくこれだけ規模の大きいリストラは家計が破たん寸前まで悪化するか、実際に破たんしないとできません。企業でも、人員カットや店舗・工場の閉鎖は大赤字に陥ったり、倒産をして再生する段階になってから行なわれるのと似ています。

いったん整理すると、**基本的な生活**

費はほとんどが固定費で家計は赤字になりやすい性質があること、家計のリストラは極めて難しいこと、だからこそ**基本的な生活費（固定費）は低めに抑えておくほうが安全であること……。**まずはこの3点を理解してください。

この話は、家計管理を考える上で基礎の基礎ですが、ここを無視すると年収1100万円で貯金ができなかった男性の家庭のような状況に陥りますよ、ということになります。

「高額出費」という考え方。

さて、次が高額出費です。

家計の分類は、「基本的な生活費」と2種類の「高額出費」で3つに分けられると説明しました。**高額出費は、「1回、もしくは1個あたり1万円以上の出費」**と考えてください。基準となる額は、5000円でも、2万円でもいいのですが、1万円が管理しやすいと思います。

ただし、基本的な生活費は1万円以上でも高額出費に含みません。家賃や住宅ローンは毎月1万円以上かかると思いますが、これはあくまで基本的な生活費として考えます。また、スーパーの買い物で1回1万円でも高額出費にはなりません。一食で1万円分の食材をすべて使うことは通常ないからです。

高額出費で主なものは、洋服、旅行、ちょっと高価な外食、お小遣いなど、趣味的な支出です。ほかには、家具や家電の買い替えなどです。単純に言うと**「なくても生活ができるもの」**です。

では、たとえば1万円以下の洋服はどうすればいいのか？ということになりますが、これは雑費として、基本的な生活費と考えて構いません。1回1万円以下の外食も食費・雑費です。

なぜ「基本的な生活費」と「高額出費」という形で分類をするのかと言うと、毎月の収入と支出をそろえるためです。家計簿をつけたことがある人はわかると思いますが、お勤めの方の収入は、ボーナスを除けばある程度は一定です。いっぽうで**支出は毎月大きく異なるので、赤字か黒字か、収支が1か月ごとにブレてしまいます**。

その原因が高額出費です。今月は旅行に行った、偶然結婚式が重

基本的な生活費	高額出費
食費・雑費、光熱費、通信費、教育費、生命保険料など	洋服、旅行、ちょっと高価な外食、お小遣い、家具や家電の買い替えなど
毎月固定的な出費	1回、もしくは1個あたり 1万円以上の出費

なってご祝儀をたくさん払った、ちょっと高めのコートを買ったといった場合は、前月との比較に意味がなくなってしまいます。なぜなら毎月の支出の中身が大きく異なるからです。

この問題は、どのように解決すればいいのでしょうか。それが支出を「基本的な生活費」と「高額出費」で分けて計算することです。

簿記の資格を持っている人ならご存じかと思いますが、会社の利益を計算するときは、何段階かに分けて計算します。

先ほど例にあげた飲食店ならば、まずは売り上げがあります。売り上げから材料費を差し引いて「売上高総利益（粗利とも言う）」を計算します。次に粗利から人件費・光熱費・家賃などを差し引いたものが「営業利益」と呼びます。このように段階を踏んで、実際には5段階に分けて5種類の利益を計算します。

家計では5段階も分ける必要はありませんが、売り上げを給料として考えた場合、2段階か3段階に分けて計算をします。まずは給料から、先ほど説明した「基本的な生活費」だけを差し引いて「粗利」を出します。次に、「基本的な生活費」以外の支出、つまり

「高額出費」を差し引いて「営業利益」を出します。

このやり方のメリットは、**旅行やご祝儀、高価な洋服など、突発的な支出で収支がブレて家計の状況がよくわからない、前月と比較しても意味がなくなるという問題を解決できる**ことです。

つまり、支出の中身を整理・分類することで、比較の条件をそろえるわけです。

たとえば、夫婦で月収が50万円、基本的な生活費が30万円ならば、残りは20万円です。この計算に旅行や高い洋服は影響を与えませんので、前月との比較が容易です。また、粗利が普段は20万円くらいなのに今月は18万円だった、という状況ならば、「基本的な生活費」のどこかが増えているせいだと簡単にわかります。

次に、「粗利」から「高額出費」を差し引いて営業利益、つまり「その月の貯金額」を計算します。粗利は普段どおりなのに営業利益が大きく減っていたのなら、高額出費が多かったということになります。

2段階に分けて計算を行なえば、どの支出が貯金額に大きく影響したのか簡単に発見することができます。500円のモノを500個買ったことが赤字の原因、といったことは普通ありません。たいていは大きな支出が1回あった、あるいはやや大きな支出が偶然いくつか重なった、そのせいで今月は貯金を取り崩してしまったという状況だと思います。

このように大きな視点で家計を見ることができれば、家計を「経営」することができるようになります。たとえば、先ほどの「収入」が50万円で「基本的な生活費」が30万円という家庭ならば、差額の残り20万円をどれくらい「趣味（高額出費）」に使って、どれくらい「貯金」に回すか、という予算全体をコントロールすることができます。

これくらい家計をシンプルに見ると、この章の最初に書いた「貯金を増やすには、生活水準を下げる必要がある」という話もわかってもらえるのではないかと思います。貯金額を増やすには、お小遣いや趣味にあてている支出を削らないといけないことは明白だからです。

このように家計をシンプルに管理できる理由は、「基本的な生活費が30万円」という数字を正確に把握できているからです。**先月は10万円貯金できた、今月は5万円の赤字で貯金を取り崩した……と最終的な「利益」だけを見ていても家計に何が起きているか把握することはできません。**

企業会計の考え方を応用するだけで、これだけ家計の数字はわかりやすくなるわけです。

結局、把握すべき数字は「基本的な生活費」と「高額出費」だけです。

どこで赤字になっているのかがわかれば、家計簿のデータを家計管理に活かすことも簡単です。たとえば、今月は年に1回の旅行に行ったから赤字、家具をまとめて買い替えたから赤字ということであれば、さほど問題はありません。普段は貯金ができているからです。

いっぽう、収入から「基本的な生活費」を差し引いた時点で赤字寸前ならば、かなり危険です。ちょっと支出が増えたり、収入が減ってしまえば、すぐに貯金を取り崩す生活が続いてしまうからです。当然、この場合は早急に「痛みをともなうリストラ＝基本的な生活費の削減」をする必要があります。

1万円以上の高額出費をさらに2つに分けて、**「よくある高額出費」**と**「たまにある高額出費」**で分類すると、より正確に家計を把握できるようになります。

家具や家電はそれなりの金額ですが、滅多に買うことはないでしょう。いっぽう、ちょっと高めの洋服や外食は、人によっては毎月発生するかもしれません。

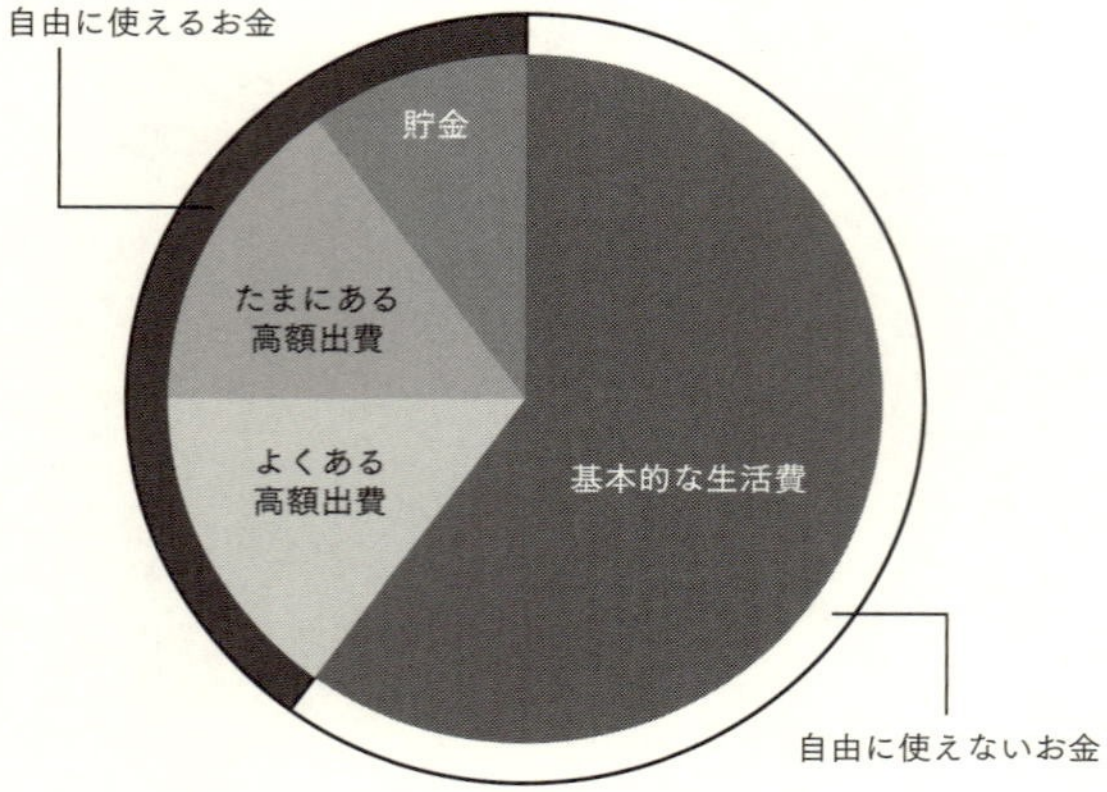

支出を３つに分ける

赤字の原因がどちらの高額出費なのか、それによってお金の使い方を変える必要があります。「たまにある高額出費」による赤字が3か月続いたなら、「これは偶然大きな支出が続いただけだから仕方ない」と考えていいかもしれませんが、外食や洋服が原因の赤字が3か月続いたなら、使いすぎが原因ですから節約したほうがいいでしょう。

なお、**支出の分類はある程度自由に決めて構いません**。家電マニアで毎月家電を買い替える、毎月旅行に行く、という人ならこれらの出費は「よくある高額出費」になるからです。

最後に、**「基本的な生活費」は固定的だと説明しましたが、大きく変わるタイミングがあります**。それが**ライフステージの変わるとき**です。

結婚、妊娠・出産、産休・育休、時短勤務での復帰、フルタイムへの復帰、進学、住宅購入、転職など、ライフイベントが発生した後です。こういったときは、基本的な生活費がどのように変化するか（収入・支出の増減）、しっかり確認する必要があります。

次のページで、大体の傾向を図にしました。参考にしていただければと思います。

ライフステージにおける「収支の変化」の傾向

収入	支出	
↑	⇩	**結婚** 共働きで収入源は2つに、いっぽう生活をともにすることで支出は効率化。
⇩	↑	**妊娠・出産、産休・育休** 収入は一時的に途絶え、一部補助金は出るが子育て費用が発生。
↑	↑	**時短勤務での復帰** 収入は増えるが、保育園などの費用が増加。
↑	↑	**フルタイム勤務への復帰** 収入は増えるが、学童や習いごとで子供の面倒を見てもらうコストが発生する場合も。
⇨	↑	**子供の進学** 学年が上がるほど支出は増える傾向に。私立校に進学した場合は、特に高額。
⇨	↑	**住宅購入** 賃貸より住宅費用が増えるのが普通。
?	?	**転職** 状況による。

（↑：増える、⇩：減る、⇨：変わらない）

30歳で年収600万円の友人が結婚後に貯金を増やせなかった理由。

これまで自分は多数の家計を見てきましたが、「貯金額」にはある程度の水準が見えてきました。

おおむね、**「手取り収入（給料から年金・健康保険などの社会保険料や所得税、住民税などを差し引いた実際にもらえる金額）」の2割を貯めているのが一般的**です。

これは自分のもとへ相談に来た人という条件つきですが、1割だとちょっと少ない、3割だと貯蓄体質、4割以上は超貯蓄体質、といった感じです。ただし3割以上となるとかなり収入が高い家庭に限られるという印象です。

収入が高くて、貯金が多いなんて当たり前と思うかもしれませんが、これは金額ではなく割合です。なぜ収入が高くなると貯金できる割合が増えるのでしょうか。それがすでに書いた「家庭の支出は固定費が多い」という話とつながります。

「企業の売り上げが2割増、利益は2倍」といったニュースを見たことはないでしょうか。売り上げの増加に対して、利益の増え方がずいぶん多いように見えます。これは固定費の割合が高い企業の特徴です。前の項で、固定費が多いと損益分岐点が高くなり利益が出にくいと書きました。そのいっぽうで、損益分岐点を超えると一気に利益が増えます。

極端な例として、売り上げが10億円、固定費が9億円、変動費がゼロの企業があったとします。利益は、差し引きで1億円です。

もし売り上げが1割増えるとどうなるでしょう。売り上げ11億円で、費用は変わらず9億円ですから、利益は2億円と2倍に増えます。売り上げが1割アップで利益は2倍、という大きな差になります。

これと似ているのが家計です。**給料が増えても固定費が変わらなければ、「利益」つまり「貯金できる額」が大幅に増える**わけです。

たとえば、生活費が毎年500万円かかる4人家族がいたとします。パパが手取り年収300万円、ママが300万円ならば、差し引きで100万円の貯金ができます。この状

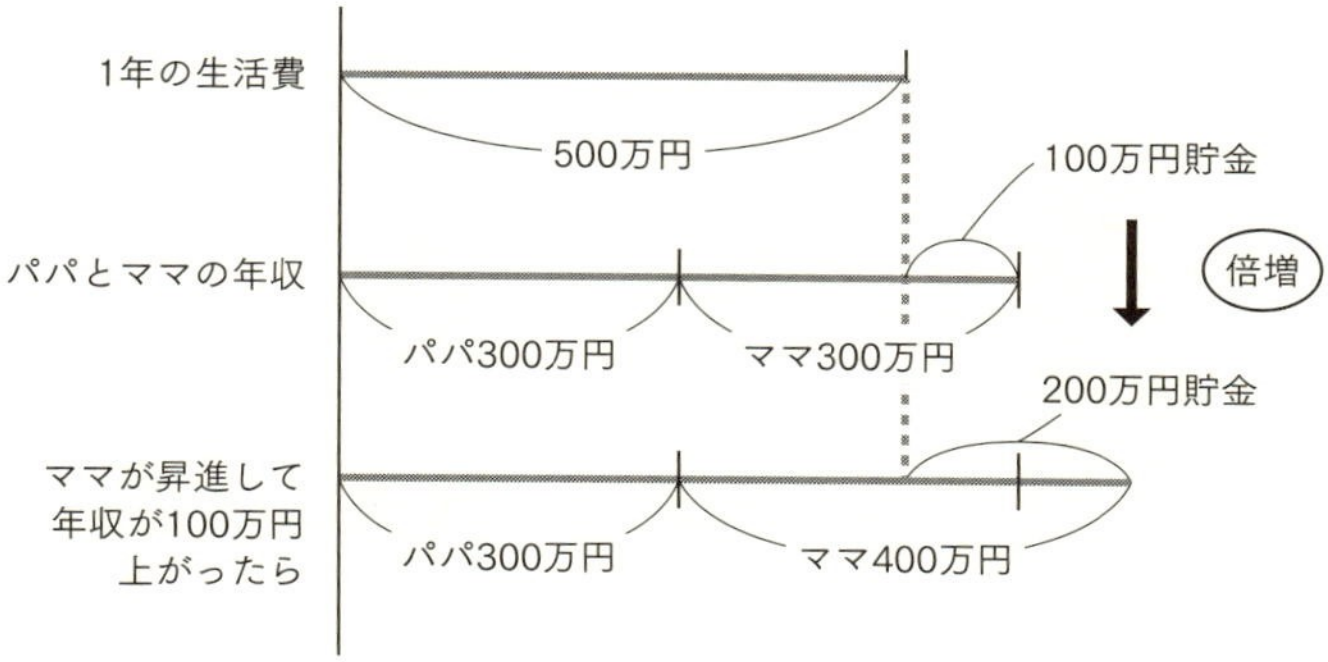

態でママが昇進して手取りの年収が４００万円に増えると、生活費が同じならば貯金額は２００万円と倍増です。翌年にはパパも昇進して、年収４００万円になれば、３００万円も貯金できます。
　収入は、６００万円から７００万円ならば約16%の増加、６００万円から８００万円ならば約33%の増加です。にもかかわらず、貯金額はそれぞれ2倍、3倍と収入の増加率より極端に大きく増えています。
　ここで伝えたいことは、収入が増えれば貯金がしやすいということだけではありません。**収入が増えたときでも、生活費を増やさないことの効果**です。

奥さんが専業主婦だと貯金はできない。

　自分の友人で中堅の金融機関で働く人がいます。30歳くらいのころ、年収ですでに600万円ほどもらっていました。日本人の平均的な給料は2014年で約415万円、性別では男性が約514万円、女性が約272万円です（平成26年分民間給与実態統計調査・国税庁より）。年齢も考えれば、30歳で600万円はかなり高給です。

彼は30歳で結婚することになり、相手は同じ職場の女性だと言います。2人合わせれば世帯年収は1000万円を超える高収入ですが、奥さんは結婚後に仕事を辞める予定でした。その話を聞いて「働き続けたほうがいい」と伝えましたが、「まあ大丈夫でしょ」と楽観視しているようでした。友人は、共働きでも専業主婦でも好きにすればいい、というスタンスでしたが、奥さんは専業主婦になりたいと考えているようでした。

それから数年後、そんな会話をしたことも忘れたころ、友人から「貯金がなかなか増えない」という話を聞きました。「30歳すぎの会社員としてはそれなりに稼いでいるし、贅沢な暮らしもしていないし……」と理由がまったくわからないということでした。給料がカットされたわけではありませんし、子供もまだ生まれていませんでした。

原因は言うまでもなく、奥さんが専業主婦だからです。パートで働いていた時期もあったようですが、話を聞いた時点ではまったく働いていませんでした。昇給もしていないようなので、年収600万円で二人暮らしです。生活に困ることはまずありませんが、貯金をガンガン増やせるとか、贅沢ができる額ではありません。

友人も奥さんも、それまで実家暮らしだったこともあり、基本的な生活費に収入の多くが消えてしまっていること、結果的に独身時代と比べてお小遣いに使えるお金が減っていること、当然貯金に回せるお金も減っていることに、ハッキリとは気づいていないようでした。

最近では、若い女性に専業主婦願望を持つ人が一定数いる、というアンケート結果が出ているようです。

これは、専業主婦になることが難しくなってきたこと、女性の社会進出が進む半面、過渡期に発生する歪みの多くを女性が引き受けていること、つまり仕事と家事の両立に女性だけが苦しんでいる状況が多いことが原因ではないかと思います。女性の社会進出が専業主婦願望を強めるとは何とも皮肉な結果です。

友人には、「だから奥さんは働き続けたほうがいいって前に言っただろ」と突っ込みを入れてしまいましたが後の祭りです。これから正社員として復帰するのは相当難しい状況でした。

「収入を増やすこと」と「支出を抑えること」、この両方を行なうことで、その差額である貯金を増やすことができます（貯金は「自由に使えるお金」と読み替えても構いません）。そして、どちらにも限界はありますので、どちらかいっぽうだけで貯金を増やすことは困難です。

単純計算で、**友人の奥さんは400万円の収入がありましたから、10年でマンションが一つ買えるくらいの差がついてしまう**わけです。これだけ大きな額を節約だけで穴埋めすることはできません。友人が奥さんの収入減少をまかなうほど給料を増やせるのは、どんなに早くても10年以上経って、かなり昇進したときくらいです。

共働き世帯と専業主婦世帯では、家計の状況に大きな差がつくことは間違いありません。

家を買う人の感覚は、調子がいいときに過剰な設備投資をしちゃう経営者と似ている。

では友人は共働きのままだったら、何も問題は起きなかったのでしょうか？

決してそんなことはないはずです。通常は、収入の増加に応じて生活費も増えますので、そのような状況を放置すれば貯金は増えません。

それどころか、**一度上げた生活水準は簡単には下げられません**。理由は、贅沢に慣れてしまうからではなく、基本的な生活費の多くが「固定費」だからです。

自分が過去に見てきた中には、年収1000万円を超えているのに、まったく貯金ができない人もいます。たくさん稼げているうちは問題ないかもしれませんが、収入は下がっても支出が下げられない状況は極めて危険です。収入が固定費を下回った瞬間に、貯金の取り崩しが始まるからです。損益分岐点、つまりトントンの水準が高いほど、貯金取り崩しのリスクは高まります。

もちろん貯金をするために生きているわけではありませんから、収入が増えたのならそれに合わせて生活水準を上げることは何もおかしくありません。たくさん稼いで、たくさん使って、たくさん貯金もするという生活が理想だと思います。

ただ、リスクが高いか低いかを考えれば、**収入の増加に合わせて生活水準を上げることはハイリスク**、と言わざるをえません。

特に**「住宅ローン」と「教育費」の増加は危険です**。

収入が増えたから、ちょっと贅沢をしようと洋服や外食(高額出費)にお金をかける程度ならば、そこまで問題はありません。いつでも減らせるからです。ただ「固定費」は、そうではありません。

これを考えるときにわかりやすい事例がシャープの経営危機です。

2016年、家電大手のシャープが台湾の企業に実質的に買収されました。業績が悪化したことが原因ですが、もとをたどると液晶テレビやスマートフォンに使う液晶パネルの工場に、多額の借金をして設備投資をしたことが発端でした。そして、その液晶パネルの価格が大きく下落してしまったのです。企業経営は、リスクを取ることに意味がありますので、それ自体を否定するつもりはまったくありません。

ただ、シャープが大型工場を作ったタイミングは、業績が極めて好調な時期でした。液晶テレビのブランドとして売り出していた亀山工場に続いて、堺工場の着工を公表したのが2007年、シャープの業績が右肩上がりの時期です。最も調子がいいときに、その状況を前提に、数千億円の借金をして工場の建設に資金を投じたわけです。

これはシャープに限らず、どんな企業でも同じです。

売り上げが増えると、もっと増やすために借金をして、設備投資を行なう、人を雇う、在庫を増やす……と積極経営に打って出ます。そこで景気が悪化すれば、売り上げ拡大を前提にした借金・設備・人・在庫は重石となって企業にのしかかります。

来年は売り上げが半減する、といった前提で経営をする企業は普通ありませんから、仕方のないことではあるのですが、家計は企業とは違います。

収入が最も高くなったときに、その水準を前提に高額な住宅ローンを組んで家を買ったり、子供を私立学校に通わせることは、売り上げがずっと増え続ける前提で借金をして設備投資をしてしまう社長と発想は同じです。本人にリスクを取っている自覚がないぶん余計にたちが悪いとも言えます。

給料が高い人ほど、下落するリスクが高まります。

たとえば年収1000万円を超える人は、労働者の1割もいません。それだけ高給をえるのは大変なのです。ですから、年収1000万円を超えた人がこれだけ収入が高ければ何をやっても大丈夫と考えるのは非常に危険なわけです。一時的に給料が高くなっても、それをずっと維持・向上できるとは限りません。それどころか維持・向上できない可能性のほうが高いと考えるべきです。

「おいしい生活」より「コンパクトな生活」。

では、お金を貯められる人は、どのように考えるのでしょうか。

普段、自分は住宅購入の相談に乗ることが多いのですが、将来のリスクをしっかり考えている人は、「夫の収入だけでもローン返済できるか?」といった質問をします。

これは奥さんが仕事を辞めるつもりでいるわけではなく、**辞めざるをえない状況になったとしても支払いができるくらいの余裕を持って家を買いたい**、と考えているわけです。

特に女性で収入が高い人は、このような考えを持っている方が多いように感じます。

女性は、妊娠・出産によって一時的な仕事の離脱があることや、出産後の復帰が必ずしもうまくいくとは限らないこと（保育園が見つからない、体力的にキツイなど）、定年退職まで働けるか不透明なこと、ほかにも子供が急にグレてしまったらどうしよう……など、さまざまなリスクを強く考えざるをえない状況にあります。

妊娠・出産を除けば、男女間で働くことに関する条件の差は本来ないはずですが、平均給与を見ても男性のほうが高く、よりキツイ働き方（特に長時間労働）を求められることが一般的です。

育児休暇の取得率も男性はたった2％程度と、仕事では男性のほうが過剰に多くを求められる状況は確実にあります。結果として、家庭内に問題が発生すれば、女性が仕事をセーブしたり、辞めたりといった判断をせざるをえないのが現状です。

加えて、**自身の収入が高ければ高いほど、非正規雇用になった際の下落率が大きくなります**。年収300万円から、パート勤務で一般的な100万円くらいの水準に下落するより、年収600万円から100万円に下がるほうが当然影響は大きいわけです。

収入が高い人ほどリスクを強く感じている、と言うとおかしく思うかもしれませんが、その背景にはこういった事情があるわけです。「収入が多いからたくさん使ってもいい」と考える人と比べて、判断力の差はまるで大人と子供です。


今後は在宅勤務のような働き方が増えれば、家にいながらもっとたくさんの収入をえることは可能になるかもしれませんが、それをすべての人が実現できるとは思えません。

短時間勤務でも高い時給をえられる看護師や薬剤師などの資格保有者を除けば、最悪の場合は、年収100万円のパート水準まで収入が落ち込んでしまうことは、女性の場合はリスクとして覚悟する必要があります。


このように住宅購入を慎重に検討している方は、手取り収入に占める貯蓄額が2割を大きく上回っているケースがほとんどです。

以前、そんなお客さんと相談をしているとき、「私の収入が半減しても問題のない予算で買いたい。住宅に限らず、教育費も、それ以外の出費も、とにかく無理はしたくない。

ほどほどで十分」という話をされていました。

収入減少の恐怖におびえながら、ギリギリまで切り詰めて我慢をするという姿勢ではなく、実際にはその正反対です。**高い家を買わなくても、無理に子供を私立学校に通わせなくても、楽しく生活はできる**よね、と夫婦で考えているようでした。

自分が何気なく「**コンパクトな生活を送りたい**ということですね」と言うと、「まさにソレなんです」という反応でした。

「なんか『おいしい生活』みたいですね」と言うと、ご夫婦とも笑っていました。「おいしい生活」は、バブル前夜の1982年に西武百貨店が打ち出したキャッチコピーです。コピーライターで、徳川埋蔵金発掘でも有名な糸井重里氏が考案したコピーですが、日本の広告史に残る、時代を象徴する、とまで言われています。

「おいしい生活」は、衣食住の基本的な生活はもちろん、趣味や余暇まで、あらゆる場面ですべての人に豊かな生活を提案する、百貨店として時代にフィットしたコピーでした。

今の日本は、バブル期と比べればとても同じ国とは思えないほど、重くて暗い空気に覆われてしまっているように見えますが、おそらく読者の多くは「バブルを知らない世代」だと思います。

1979年生まれの自分もバブルを知らない世代ですが、バブル絶頂期の1989年は、父親がマンションを買ってしまった時期ですので、十分悪い意味での影響は受けています。自分自身が大人になってからは、小泉純一郎・竹中平蔵コンビによる不良債権の処理、いざなみ景気、自民党から民主党への政権交代、3・11の大震災、リーマン・ショックや9・11の同時多発テロなど、世界中が揺れ動く出来事が何度もありました。子供のころには存在すら知らなかったインターネットと携帯電話も、今や生活必需品です。

平均寿命まで生きるとして、自分も、この本の読者の方も、まだ半世紀近くの時間はあると思います（男性80・79歳 女性87・05歳 厚生労働省・平成27年簡易生命表より）。

現在は経済成長が止まり、豊かさを実感することが難しい時代になりましたが、日本は安全でおいしいものもたくさんある、いい国であることは間違いないと思います。

「コンパクトな生活」は多くの人にとって我慢するのでもない、無理をするのでもない、ほどほどに楽しく生きていくために最適なキャッチコピーになるのではないでしょうか。

Chapter 2

「無駄遣いを減らす」という勘違いについて。

保険に入りすぎると かえってキケン、という話。

第1章の家計管理の項目で、節約は難しい、特に基本的な生活費は削りにくいと説明しました。ただし例外として、確実に、そして簡単に削ることができる支出が2つだけあります。

それが**「保険料」**と**「通信料」**です。

まずは、保険料から説明してみたいと思います。

生命保険や医療保険、学資保険、個人年金保険など、保険にはいろいろな種類があります。社会人で保険にまったく入っていないという人は、かなり少数派です。それだけ保険会社や保険代理店が一生懸命売り込んでいる証拠でもあるのですが、ファイナンシャルプランナーの自分から見て、**相談に訪れたお客さんで完璧だと思う加入の仕方をしている人**

は、今まで一人も見たことがありません。

もちろん、加入の仕方にはさまざまな考え方はあるのですが、多くの人が何となくすすめられたままに入っています。なぜなら、どのように加入すればいいのか基準を知らないからです。

保険の営業マンに加入の相談をすると「入院時の不安はありませんか?」「子育て費用は準備できていますか?」「老後の生活費はどれくらい必要かご存じですか?」……とさまざまなシーンで役に立つからと各種の保険を紹介されます。

あるいは、お客である自分自身からこういった話をする人もいるでしょう。

保険を必要とする根拠はどれももっともらしく聞こえますので、全部入らないといけないような気分になってしまいます。長時間のヒヤリングを受けて、その結果提案されたプランが「月額7万円です」と聞くと、さすがに高額であることは誰でもわかります。

そこでちょっと高すぎると伝えると「では、もう少し金額を抑えましょう」と、まんべんなく保障を削り、お客さんが納得できる金額まで保険料を引き下げます。

さて、こういった入り方の何が問題なのでしょうか。

お客さんの話を聞いて、不安を解消するための保険を提案し、無理のない範囲まで保険料を下げる……。無茶な売り込みをしない真っ当な営業マンじゃないか、と思うかもしれません。ただ、一つ完全に抜け落ちている視点があります。

それが**「優先順位」**です。保険会社も保険代理店も、優先順位という視点からの提案をまったくと言っていいほどしていないのです。

前述のような加入の仕方は、優先順位を無視しているため、さまざまな保険に広く薄く加入することになります。結果的に**万が一の備えは薄く、いっぽうで保険料はそれなりに払っているので負担は重く、何のために保険に入っているのかよくわからない状況になる**のです。

そして、保険は一度入るとやめにくいという性質もあります。

「やめた途端に病気になったら」「何かトラブルが起きたら」と思うと、これまで払った保険料が無駄になってしまうかもしれないと不安にかられます。

実際には、若い人であれば過去に払った保険料より、これから払う保険料のほうが多いケースがほとんどです。また、無駄なものであれば無駄と気づいた時点でやめるのが正しいのですから、過去に払った保険料は関係ありません。

もとを取る前にやめるのはもったいないと考えることは、間違っています。**そもそも保険は、ほとんどの人がもとを取れないからこそ成り立つ**わけです。「やめるともったいない、怖い」という考えは勘違いなのですが、多くの人がおちいる罠です。

（※一部の積み立て型は、早期に解約すると損をしますので、すぐにやめないほうがいい場合もあります。）

保険は「発生頻度」と「影響度」で考える。

保険は、万が一に備えるものです。

万が一は、「発生頻度」と「影響度」で考えます。たまにしか起きないけど影響が大きいトラブル、それが万が一です。健康面で言えば死亡ですから、**優先順位が最も高いものは生命保険**です。

では、**ほかの保険はどうかというと、極論を言えばなくても構いません**。なぜなら、生命保険以外はどれも万が一に備える保険ではないからです。

たとえば女性では、生命保険には入っていないけれど医療保険には入っている、という人は多いと思います。保険料は、年齢・性別・保障内容によって変わりますので、あくまで一例として試算をしてみます。

30歳の女性が終身医療保険に加入した場合

▶**60歳**までに払い終える保険料の総額は

4500円(月)×12か月×30年＝162万円

▶もとを取るには、生涯で合計**162日**の入院が必要。

1万円(日)×162日＝162万円

▶または、「**10日の入院＋1回の手術**」を**8回**繰り返す必要がある。

(1万円×10日＋10万円)×8回＝160万円

入院時に1日1万円、手術時には10万円がもらえる医療保険に30歳の女性が加入したとします。保険料は毎月4500円で、60歳まで払えば一生涯保障されるものです。似たような条件ですでに加入している人であれば、まあそんなものかな、という保険料だと思います。

一生涯保障と聞くと安心できそうですが、30年間で支払う保険料の総額は162万円です。162万円のもとを取るには、合計で162日の入院が必要です。あるいは、手術をともなった入院を何度もくり返す、といった感じでしょうか。10日の入院と手術で20万円の保険金がもらえますので、合計8回でやっとトントンになります。

しかも、ここでいう**「もとを取った」「トントン」というのは、プラスマイナスゼロですから、トクをしているわけではありません**。「トクをした」「入っていてよかった」と思える状況は、この2倍くらいの入院や手術で保険金をもらった場合でしょうか。それでもトクをする額は100万円程度です。

果たしてこれに意味があるのか？　ということになります。当然のことながら加入者が全員もとを取ったら商売にはなりませんので、しっかりもとを取れる人はごく一部、トクをする人はさらに少数です。

しかし、保険は本来もとを取るため、トクをするために加入するものではありませんので、こういった考え方はあまり正しくはありません。ただ、それは生命保険のような万が一の場合です。入院のような万が一でない場合に備える医療保険は、もとが取れるのかどうか考える必要があります。

子供の教育費、特に大学進学費用に備えた**「学資保険」**や老後資金の備えに加入する**「個人年金保険」**なども、ほとんど必要がありません。なぜなら、**貯金で代用できる**からです。

こういった万が一への備えではなく、いつかお金を受け取ることが前提の保険を「積み立て型」とか「貯蓄型」と言います。実質的に貯金と似たような仕組みです。

「学資保険」では戻り率110％（支払った保険料が10％増えて戻ってくるという意味）で貯金よりおトク、といった宣伝がなされる場合もあります。ただ、子供が小さいうちに加入して20年近く運用すれば、そりゃ10％くらいは増えるでしょう、としか言いようがありません。

保険会社は銀行と違って、会社が潰れたときに預貯金ほど強くは保護されません。銀行預金は一行につき一預金者あたり1000万円とその利息までは国によって全額保護されますが、保険の加入者を保護する契約者保護機構は、そこまでしっかりは保障してくれないからです。

老後資金のために入る「個人年金保険」も同じく積み立て型ですが、住宅ローンや教育費の支払いを考えると、多額の資金を引き出しができない状況で長期間積み立てるやり方は、決して正しいお金の貯め方とは言えません。引き出しできない「強制貯金」だからいいんだという方は、老後資金の心配よりお金の管理ができているか先に考えるべきでしょう。

積み立て型の保険にすでに加入をしている方には、これ以上の加入は不要ですよ、というアドバイスです。

こういった積み立て型の保険は、貯金と保険がセットになったようなものです。ほかにも外貨預金と保険がセットになったような**「外貨建て終身保険」**や、投資信託と保険がセットになったような**「変額年金保険」**など、複雑な保険もあります。

こういった保険はどれも不要です。仕組みが複雑で途中でやめにくいといった余計なデメリットが発生するからです。外貨や投資信託で運用すること自体は構いませんが、保険とセットである必要性はまったくありません。「貯金や運用」と「保険」は分けて行ないましょう。

つまり、**払ったお金は戻らないがその分保障が手厚いかけ捨て型の生命保険にはガッツリと入り、それ以外はバッサリとカットする**というのが、優先順位を考慮してメリハリのついた正しい加入方法になります。

「保険は複雑でよくわからない」とお客さんから聞きますが、それは知識不足以上に不要で複雑な保険に加入していることが原因です。生命保険に入るだけならば、難しいことはまったくありません。これから加入をする人も、見直しをする人も参考にしてください。

「通信料」は簡単に削ることができる。

家計の負担で従来と比べて大きい割合を占めるようになった項目が「通信料」です。

昔は固定電話代だけだったものが、今ではインターネットの回線やプロバイダー料金、そして携帯電話もあります。携帯電話は子供も持つようになっていますので、従来に比べて負担は何倍にも増えています。

以前は格安携帯で節約なんてファイナンシャルプランナーがする話じゃないとバカにしていたのですが、確実に、そして大きく削ることができる基本的な生活費は保険料と通信料くらいだと気づいてから、その効果を見直しました。

先日、知人の子供が中学生になったからと携帯電話を買い与えることになり、毎月の料金が8000円くらいはかかりそうだと聞きました。これでは毎月誕生日プレゼントをあげているようなものだ、と負担の重さを嘆いていました。

テレビCMも多数流れており、すでに利用している人もいると思いますが、携帯電話の利用料を減らすのは簡単です。**NTTドコモ、au、ソフトバンクなど、キャリアと呼ばれる携帯電話各社から、「格安SIM」や「格安携帯」に移行すれば、従来の数分の一まで支払額を減らせる**からです。

ナンバーポータビリティに対応していますので、**電話番号も変わりません**。格安携帯の大手企業はOCNモバイルONE、IIJmio、U-mobile、楽天モバイルなどです。

格安携帯は、**通信速度もキャリア3社と遜色《そんしょく》のない水準**です。高画質の動画を見たりしない限り、通信速度で不満が出ることはほとんどないはずです。通話料は高めに設定されているケースが多いのですが、たとえば楽天モバイルは「月額850円で一回5分までなら何度でもかけ放題」というオプションも準備しています。

格安携帯は「SIMカード」という通信に必要なカードだけを売る会社、端末もセットで売る会社、両方行なっている会社といくつかのパターンがあります。こういった企業は、現在200社以上が乱立していると言われています。

携帯機器の操作に慣れている人は、**自分で使いたい端末を準備して、最適なプランを提供している会社でSIMカードだけを契約する**、といった形がいいでしょう。

通話機能と1か月に3GBの通信で1600円程度が相場です。キャリア3社と比べて5分の1程度でしょうか。夫婦ならば1万円以上、子供にも携帯電話を持たせているなら、さらに節約が可能です。

ただし、端末にトラブルがあっても近所に店舗はなく、通信会社も端末のトラブルはサービスの対象外で対応してくれない、といったケースもあります。つまり、SIMカードだけを提供している場合、端末は自社製品ではなく、キャリア3社のように自社の責任で提供しているわけでもないのでエラーが出ても知りません、ということです。これは格安で自由度は高いですが、自身で問題を解決できる人向けのサービスと言えるでしょう。

最近では、多くの会社が「端末」と「SIMカード」をセットで販売しています。コストを抑えるために店舗がなかった企業でも、競争の激化によりサービスを強化して店舗を構えるケースが増えています。こういった企業では端末代も払うことになりますが、それでもキャリア3社の三分の一程度に抑えることが可能です。

自分の場合は、どうしても使いたい端末がａｕ製であったため、ａｕ系の格安ＳＩＭであるｍｉｎｅｏ《マイネオ》という会社を利用しています。仕事で利用するため、端末はある程度性能がいい物を新古品で購入したので4万円近くかかりました。

けれども、毎月の支払い額は３ＧＢのプランで税抜き１５１０円ですから、長期間使えば確実におトクです。通信量のくり越しサービスもあるため、あまり使わないと翌月にかなりくり越すことになり、３ＧＢで足りなかったことはありません。

格安携帯は安い半面、すでに書いたように**端末のエラーは自己責任**です。**滅多に壊れたりしないのだから大丈夫、という油断は禁物**です。

自分は一度だけ、外出中に完全にスマホが固まって、どのボタンを押してもまったく反応しなくなったことがありました。池袋にいたので家電量販店のスマホ売り場でａｕ担当の方にリセットの方法を教わったところ、再起動できました。本来はａｕで契約していないので店員さんに対応する義務はなく、図々しいお願いだったのですが本当に助かりました。

こういった問題は、SIMブロックを解除した端末を中古で買ったり、キャリア時代に使っていたものをSIMブロックを解除して流用したり、SIMフリー携帯といってキャリアの縛りがない端末を選んだ場合に発生します。仕事で使っている人は故障やエラーで何日も携帯電話が使えなければ会社に怒られてしまうと思いますので、その点は特に注意してください。

なお、格安携帯を利用する場合は、通信量の上限（3日で1GBを超えると速度制限がかかるなど）や端末とSIMカードの組み合わせによってテザリング（スマホをWi-Fiルータのように使う機能）ができないことや、キャリア3社の契約者限定サービス（ドコモやauのメールアドレスなど）が使えないなど、制限もあります。

ネット上には便利な比較サイトが多数ありますので、自分の使い方と合う会社はどこか、事前によく確認した上で乗り換えてください。

第1章で紹介した、「おサイフケータイ」はアンドロイドでしか使えません。「スマホはiPhoneだけどおサイフケータイを使いたい。でも、iPhoneは手放したくない」と言う人は、格安SIMを利用して、わずかなコストでおサイフケータイ専用の端末を契約する、といったことも可能です。

低価格で有名なFREETELは、データ通信だけならば月額税抜き299円から契約可能です。中古のおサイフケータイ対応の端末と合わせれば、費用はわずかです（ただし、先ほど説明したように端末に問題があっても助けてくれる人はいないのでご注意を）。

「洋服代」を削る3つの方法。

支出は「基本的な生活費」「よくある高額出費」「たまにある高額出費」の3つに分類されると説明しました。保険料と通信料は、基本的な生活の中でも確実に削ることができる数少ない項目であることも説明しました。

高額出費を削ることは、生活水準を下げることだと説明しましたが、節約の必要があるのなら何を削るかは自身で決めてください、ということになります。人によってお金をかけているものはまったく違うからです。

ただ高額出費でも、基本的な生活費に近い支出があります。それが「洋服」です。

衣食住という言い方があるように、裸で生活をするわけにはいきませんから、**洋服には非常に削りにくい基本的な生活費としての側面と、ファッションを楽しむ趣味としての側**

面、2つの性質があるわけです。洋服好きの方であれば、支出に占める洋服代の割合は決して低くないと思います。特に女性の場合は、男性と比べてその比率は高いでしょう。

趣味として考えた場合、困ったことに洋服の価格は案外高く、ちょっといい洋服を買うと一着で1万円とか2万円といった金額になることは珍しくありません。細々とした節約は洋服を1枚買うだけで簡単に吹き飛んでしまいます。

洋服はこだわろうと思えばいくらでもお金がかかりますが、少し工夫をすれば劇的に支出を削ることができます。

また、基本的な生活費としての性質もあると書いたとおり、旅行に1円もお金をかけない人はいると思いますが、洋服に1円もお金をかけずに生活をすることはできません。ほかの支出をあまり削りたくない人にとっては、保険料や通信費と並んで重要な節約ポイントになります。

では、洋服代を削るにはどうすればいいのでしょうか。

手段は3つあります。**「中古で買う」「安い服を買う」「そもそも服を買わない」**、です。

具体的には、それぞれネットオークションやネットフリマで買う、ユニクロで買う、少ない服に絞り込んで買う、量を思い切り減らしてしまう、です。

今さらユニクロとかネットオークションの話をされても……とズッコケている人もいるかもしれませんが、この2つをしっかり利用できている人はまだ少数派だと思われます。特に洋服に興味のない方は、これらを十分に利用できていないはずです。

まずはネットオークションですが、自分が友人の買い物につき合った経験が参考になると思います。その友人は洋服にさほどこだわりはないのですが、仕事で使うためにシャツとネクタイをいくつか買うということでした。

最初はデパートにあるブルックスブラザーズに行きました。スーツやシャツで有名なアメリカの定番ブランドです(価格は高めです)。そこでネクタイを買った後、今度はスーツセレクトに行くと言います。ブルックスブラザーズより格段に安いお店です。その後も多数のお店を覗いて一日中ウロウロすることになりました。しゃべりながらの買い物でしたので苦痛ということはありませんでしたが、あまりに非効率です。

「お前はお気に入りのブランドとかシャツはここで買う、みたいに決めてるブランドはないのか？」と聞くと、「ない」と言います。毎回必要になるたびに適当に選んでいると言うのです。

洋服好きな人がウインドウショッピングを楽しむのなら別に構いませんが、その友人も気に入るものがないか延々と探すことに疲れているようでした。自分は洋服好きというほどではありませんが、すでにスーツならここ、などと決めているお気に入りのブランドはありましたので、同じようにしてはどうかとアドバイスをしました。

洋服に興味がない人は多かれ少なかれ、この友人のような状況にあるのではないでしょうか。特にスーツを仕事で仕方なく着るという男性は、この傾向が強いかもしれません。

では、お気に入りのブランドを持つメリットはどこにあるのでしょうか。

まずは探す時間を格段に減らすことができます。特にスーツやシャツは会社員の方であれば嫌でも着なければなりません。**価格や体型に合わせて自分に合うブランドを見つけることができれば、迷うことはありません。**

これは仕事着に限らず、プライベートでも同様です。ここで言うブランドは、高級である必要はありません。スーツセレクトや無印良品、ユニクロでも問題ありません。単純に体に合うブランドが見つかればいいわけです。

そして、お気に入りのブランドでくり返し洋服を買っていると、試着をしなくても体型に合うかどうかわかります。じつは、これがネットで洋服を買う際に重要になります。ヤフオク（ヤフーオークション）やメルカリなど、ネットで服を買う場合は、当然のことながら試着ができません。そこが最大のデメリットですが、サイズを把握してしまえばそのデメリットはなくなります。

そして嬉しいことに、**ある程度高めのブランドの場合は着る人も丁寧に扱うのか、中古で買っても品質的にまったく問題がないことも多い**のです。

この記事を書いている最中もお気に入りブランドの服を買いました。自分が好きなブランドは、非常に値段が高くセールでも手を出しにくいのですが、マイナーなブランドなのでネットオークションで高値がつくことはまずありません。今回買ったものは定価2万円のパンツが送料込みで、たったの600円でした。

自分の場合、最近ではスーツを着ることがめっきり減ってしまったので、仕事着はシャツとパンツ、秋冬はこれにジャケットを着るだけです。パンツは先ほど書いたお気に入りのブランドで、シャツは中古ではなく2000〜3000円程度で非常に質のいいシャツを売っている「シャツ工房」というお店です。真っ白なシャツからシンプルな柄が入ったものまで、何でも揃っています。

ジャケットはパンツ、もしくはスーツと同じブランドに決めているので迷いません。

洋服好きな人から見ると退屈な買い方かもしれませんが、仕事着、特にスーツは制服のようなものですから、こういった無難な買い方でも十分なわけです。こんな買い方ですから、自分の場合は靴を除けば全身で1万円もかかっていないということはよくありますが、中古でも元値が高いものばかりですので、みすぼらしく見えることはまずありません。

お金をかけずに最速でおしゃれになる方法。

紹介したネットで無難な服を買うことによる**唯一の弱点は「マンネリ化」**です。

仕事着はマンネリでも別に構わないのですが、自分の場合はスーツが仕事着ではありませんので、外出するときは仕事でもプライベートでも似たような格好でした。特に気にはしていなかったのですが、友人から「お前はいつも同じ格好をしている」と言われてさすがにショックを受け、仕事とプライベートは分けようと考えるようになりました。

ただ、長年同じような服ばかりを買ってきたので、どんな服をどこで買えばいいのかまったく見当がつかず困っていました。そこで偶然目にしたのが『最速でおしゃれに見せる方法』（MB著・扶桑社）という本です。

洋服の買いつけを職業とする、ファッションバイヤーのMBさんが書いています（MBはペンネーム）。男性向けのファッション指南本としてベストセラーになった本です。

MBさんのアドバイスは非常に理論的です。

ファッションに興味がない人でも理解できる明快な内容で、アドバイスは一貫しています。男性のファッションは、「ドレスとカジュアルのバランスだ」という内容です。「ドレス」は一言で言えばスーツに革靴のような特徴（暗めの色で細身）を持ち、「カジュアル」はパーカーやTシャツにジーンズ、スニーカーのような特徴を持ちます。これをバランスよく組み合わせることで、誰でもおしゃれになれる、というアドバイスです。

大ブームのフリースすら買わなかったオジサンもはまる、ユニクロの黒スキニージーンズ。

アドバイスを実践するために必要なアイテムも紹介されていますので、詳しくは本を読んでいただければと思いますが、MBさん一押しは**ユニクロの黒スキニーのジーンズ**で、コストパフォーマンスは最高だと言います（女性ならば誰でも一本は持っている定番だと思います）。

最初はあんなピタッとしたパンツが似合うわけないと思っていましたが、MBさんのアドバイスにしたがい、だまされたと思って買ったところ非常に気に入ってしまいました。ストレッチが効いているので非常にはきやすく、黒の細身で体型もやせて見えるようで、ずいぶん多くの友人に「やせた？」と言われて驚いたものです。価格も税抜き2990円と格安です。

ユニクロは通常の商品のほかに、近年はジル・サンダーやクリストフ・ルメールなど有名デザイナーとのコラボレーションにも力を入れています。ルメールがデザイナーを務めていたエルメスは、ユニクロと比べてケタが一つか二つも違うほど超のつく高級ブランドです。それらの**高級ブランドのエッセンスが加わった服をユニクロの通常商品にちょっと上乗せした程度の価格で買えてしまうのですから、極めておトク**です。

自分はフリースが大ブームになった時期ですらユニクロにいっさい近寄りませんでしたが、黒スキニージーンズをきっかけにユニクロ好きに立場が変わりました。ちょうどそのころ、ユニクロは値上げをしておトクではなくなったと言われ、業績も落ち込んでいました。

価格だけで言えば兄弟ブランド・GU《ジーユー》のほうが安く、ほかにも低価格ブランドが出てきた中、もはやユニクロは激安ブランドとは言えない状況ですが、コストパフォーマンスという面では極めておトクなブランドであることは、間違いありません。

700万人が利用するファッションアプリ、WEARでプチプラファッションを学ぶ。

黒スキニーを買い、久しぶりに洋服熱が盛り上がったところで何かほかにも参考になる情報はないかと探していたときに見つけたのが、ファッション通販大手のZOZOTOW

Nを運営するスタートトゥデイが提供する**「WEAR」という無料ファッションアプリ**です。

このアプリは、ファッションスナップに特化したツイッターのようなもので、一般人からモデル、芸能人、アパレルショップの店員まで誰でも洋服をコーディネイトした写真をアップロードできます。そして自分の気に入った人をフォローしたり、スキニージーンズやナイキといった特定のアイテムやブランドから、参考になるコーディネイトを検索できます。

WEARではユニクロやGUを着ている人も大勢います。ひと昔前は「ユニバレ」と言ってユニクロを着ていることを知られるのは恥ずかしいといった感覚もあったようですが、今ではそういったことはまったくないようです。それどころか、WEARを見ていると**安い服をうまく着こなしている人のほうがおしゃれで格好いいという空気すらある**ように見えます。

一般人であっても、何十万人も参加している中で万単位のフォロワーがいるトップクラスに人気のある人のコーディネイト（WEARが公認した参加者でウェアリスタとも言う）はおしゃれです。高価な洋服ばかりを載せているファッション誌よりよっぽど実用的で役に立ちます（低価格の洋服であればもちろんユニクロやGUである必要はなく、レディース服ではプチプラという呼び方で安い服を上手に着ることがすでに定番のファッションスタイルになっています）。

ＭＢさんの本で理論を学び、ユニクロの格安アイテムを使って、ファッションアプリのＷＥＡＲを参考にコーディネイトすれば、全身ユニクロでもおしゃれになることは十分可能です。

なんて夢のないアドバイスだと思ったかもしれませんが、収入には限りがありますから、ほかにもっと優先順位の高い支出があるのなら洋服代は削らないといけないわけです。

自分の店へ相談に訪れるお客さんの中には、世帯年収が１０００万円を大きく超えている方もたくさんいますが、高価なブランド品で着飾っている人はまず見かけません。ごく普通にユニクロを着ていたりします。

理由は明白で、小さい子供がいるからです。子供を抱っこして服を引っ張られたり、ヨダレをつけられたりすることを考えれば、高価な洋服を避けるのは当然でしょう。

では、そういう人たちはどこにお金をかけているのかというと、「教育」と「住宅」です。この判断が正しいかどうかは別にして、少なくとも何が大切でどこにお金をかけるか、優先順位はハッキリしています。

洋服や車にお金をかけるくらいなら、そのぶん子供に習いごとに通わせたり、住宅の予算に上積みして、通勤時間を10分でも短縮できる場所に家を買うわけです。

私服を制服に？
アップルとフェイスブックの社長に学ぶファッション術。

最近では、さらに洋服のコーディネイトをシンプルにしてしまい、まるで制服のようにジーンズとボーダーシャツだけを着る、といった人もいます。それがミニマリストと呼ばれる人たちです。

近年話題となっているミニマリストや断捨離《だんしゃり》©などは低価格で何でも買えるようになった現代において、お金・モノ・ライフスタイルと広範囲にかかわる重要な話ではないかと思います。これは別の章で詳しく説明したいと思いますが、**洋服の制服化**にはどのようなメリットがあるのでしょうか。

ファッションはいつも黒いタートルネックにジーンズ……と言えば、誰のことか思い浮かぶ人もいると思います。アップル社の創業者である故スティーブ・ジョブズです。新しいiPhoneのお披露目など、新商品発表会のような華やかな場所でも彼のファッションが変わることはありませんでした。

毎朝どの服を着ようか迷う……、洋服好きな人にはそれはそれで楽しい時間かもしれませんが、日々重要な決断を迫られるスティーブ・ジョブズのような経営者にとって、それはノイズでしかなかったのかもしれません。

同じく、大手IT系企業であるフェイスブック社長のマーク・ザッカーバーグも、ジーンズにグレーのTシャツといつも同じような服装です。

彼はインタビューで意図的に同じ服を着ていると答えています。その理由は、小さくとも日々決断する回数を無駄に増やしてエネルギーを浪費しないためであり、これはアップルのスティーブ・ジョブズもオバマ大統領も同じだ、と答えています。

忙しく働く人にとって時間はお金を払ってでも節約すべきものですから、先に挙げた経営者たちのように、手間や時間の節約は、お金の節約以上に重要な人もいるかもしれません。

洋服にかかる費用はバカになりません。ばっさりとコストをカットするには仕事着だけでなく私服もある程度制服化してしまい、浮いたお金を貯金や趣味にあててみるのも、メリハリの利いたお金の使い方になるのではないでしょうか。

ネットを駆使して中古で買う、ユニクロなどの安い服を買う、そもそも服を買わない。いずれも難しい方法ではありません。

自分はこの3つを組み合わせていますので、お金も時間もかけず、ほどほどにファッションを楽しむことができています。

「年収240万円でも子育てをしながら普通に生活できる」と書いたらネットで叩かれた。

2003年、あるマネー本がベストセラーとなりました。経済評論家・森永卓郎氏の書いた『年収300万円時代を生き抜く経済学』(光文社)という書籍です。書籍が出版されたころ、今後は収入が大きく下がって生活が苦しくなる、という話は誰もがうなずく状況でした。

当時、小泉・竹中コンビによる不良債権の処理は最終段階を迎え、日経平均株価は8000円を下回り、りそな銀行が実質国有化された時期です。実際には、りそな銀行への公的資金注入は「銀行を潰さない」という国のメッセージとなり、株価が底を打ち、景気が回復し始める時期でもありましたが、多くの人が「国が潰れる」と本気で心配していました。

都市銀行が不良債権で潰れて、連鎖的に多くの企業が倒産するという最悪のシナリオが予想されていましたので、杞憂《きゆう》ではなく、現実にリスクが存在していました。その後の長期間にわたる景気回復でも、多くの人は回復を実感できない状況が続きました。

あれから10年以上がたち、株価は2倍ほどまで上がり部分的に景気は回復してはいるものの、今の時点から書籍のタイトルを見ると「当時は年収300万円が低い年収として認識されていたのか」と驚いてしまうほどに給与水準は悪化しています（当時より平均給与は7%ほど下がっています）。

経済全体の話は横に置き、個人の場合はどう考えればいいのでしょうか。

現在少子化が問題になっていますが、その原因として年収の下落があげられます。**収入が低いから結婚せず、結婚しないから子供が生まれないという状況**です。

年収300万円以下の男性は1割も結婚していない。

以前ブログで「年収240万円で子育てをしながら普通に暮らす方法。」という記事を書きました。

条件として、まずは結婚して夫婦共働きで収入を2倍にする、外食は贅沢だから自宅で料理を作る、洋服はユニクロ、住まいは東京・神奈川以外に住む（首都圏は千葉・埼玉の賃料が安い）、といった内容です。


しかし、「まずは結婚するという時点でありえない」「そんな低い年収で結婚なんてできるわけがない」という批判が殺到しました。

たしかに、年収は婚姻率に大きく影響しています。具体的には、男性は年収300万円を境に結婚をしている人の割合が大きく下がります。年収300万円未満で20代男性の婚姻率は8・7％、30代男性で9・3％と1割を切っています。つまり、10人に1人も結婚できていないわけです（内閣府　平成22年度結婚・家族形成に関する調査報告書より）。

調査では300万円以上、400万円以上、500万円以上、600万円以上と、すべての項目で20代・30代いずれも婚姻率は20〜30％以上となっていますので、その差は歴然としています。

「正規・非正規」で雇用形態ごとの婚姻率は非正規雇用の20代男性は4・1％、30代男性は5・6％とさらに悲惨な数字です。およそ20人に1人しか結婚できていないわけです。

女性の場合は、年収300万円未満のほうが収入の高い人より婚姻率が高いケースもあります。これは結婚後に退職や働き方をセーブする、あるいは妊娠・出産・時短勤務が影響していると思われます。

これらはあくまでアンケートによる数字上の話ですが、実感とも合致するのではないでしょうか。年収が低い人と積極的に結婚したいと思う女性は少数派でしょうし、男性の側も収入が低い状態で結婚したいとはあまり思わないでしょう。

結婚式には300万円かかる、という勘違い。

結婚をする・しないという判断はプライベートなものですから、赤の他人がアレコレと口を出すことではありません。ただ、「お互いに好きで結婚をしたいと思っている、だけど年収が低いから結婚できない」という状況ならどうでしょうか。

これはさっさと結婚したほうがいい、ということになります。

ネットに書いた記事は「お互いに結婚をしたいのであれば」という前提条件でしたが、そこを読まずに批判されてしまったようです。したがって、「年収が低いからこそ結婚すべき」というのが自分からのアドバイスです。

なぜなら、**一人暮らしは最も効率が悪く、お金のかかる生活スタイル**だからです。

首都圏でまともなアパートやマンションを借りるには、最低でも家賃だけで5万〜6万円程度の住宅コストがかかります。2人でバラバラに生活していれば10万〜12万円です。それに対して一緒に暮らして部屋を借りれば、10万円以下の部屋を探すことは難しいことではありません。たとえば家賃が9万円ならば、一緒に住むだけで家賃を年間12万円以上削減できます。

光熱費も、一緒に住んだほうが減らすことができます。デートのたびに発生する交通費も減るでしょう。食事を2人分作れば1人分より効率的です。

これらのコスト削減効果は最低でも月に2万〜3万円、場合によってはもっと大きくすることも可能です。結婚したほうがお金のかかるケースは、双方ともに実家に住んでいて一円も家にお金を入れていない状況から2人で新しく家を借りる場合くらいでしょう。

これも誤解ですが、結婚式にお金がかかると考えている人も多く、平成24年の国土交通白書によれば、男女ともに半数近い人が結婚の障害として「結婚資金」をあげています。

たしかに、結婚式の平均的な費用が300万円以上と聞くと、ひるんでしまう人も多いと思います。結婚情報誌「ゼクシィ」のアンケート調査では、挙式・披露宴にかかる費用は、全国平均で343・8万円、結婚指輪や婚約指輪、新婚旅行なども含んだ総額では4

44・2万円とさらに高くなります（「ゼクシィ」結婚トレンド調査2012より）。

結婚情報サイトとして有名な「みんなのウェディング」のアンケートでも、結婚式の費用は300万～350万円が15・0％、350万～400万円が14・7％、それ以上のカップルも多数おり、全体では半数以上のカップルが300万円以上の費用を結婚式にかけていることがわかります（みんなのウェディング白書2015より）。

実際には、ご祝儀や両親からの援助を受けられるケースもありますので、自己負担はご祝儀を考慮するだけでも200万円ほどは下がるということになっているようですが、それでも大きな負担です。

ただ、ここで一つ注意すべき点があります。

これはあくまで結婚式の紹介・仲介をビジネスとしている企業、つまり売り手側のアンケート調査であることです。初めてこの数字を見た人は、目ん玉が飛び出ているかもしれませんが、それは多くの人にとってごく普通の感覚です。**たった1日のために300万円なんてトンでもない、というのは誰もが思うこと**です。

現在結婚するカップルの半数近くは費用がかかりすぎるからと結婚式を行なわず、ブライダル業界は、そういった「ナシ婚」と「少子化」で深刻な状況にあります。

また、高額な結婚式に背を向けるカップルに、小規模で格安の挙式を提供する「小さな結婚式」のような企業も人気です。最低価格はＨＰを見るとなんと税込み６・７万円となっています。当然、３００万円の結婚式と中身はまったく異なるでしょうし、各種オプションなどでもっと高くなることはあると思いますが、それでも３００万円もかかることはないはずです。

先にあげた結婚費用の平均データに、こういった格安結婚式はほとんど入っていないはずです。

「ゼクシィ」のデータであれば、調査対象はあくまで「ゼクシィ」の読者となっていますので、小さな結婚式のような格安婚でいいという人は、ほとんど調査対象になっていないわけです。

（※本書執筆時点で「ゼクシィ」のＨＰから価格の安い挙式プランを探したところ、首都圏で10万円以下のプランが数件ありましたが、やはりメインとなる価格帯は１００万～２００万円と２００万～３００万円でした。）

もちろん、お金をかけた豪勢な結婚式にも意味はあると思いますが、それにしてもすべてのカップルが300万円もかける必要があるとは思いません。

一般的な趣味と同じで、余裕のある人だけがやればいいということです。結婚式の費用がないから結婚できないとまで言われてしまうと、「結婚をしたいのか、結婚式を挙げたいのか、どっちなんですか?」と聞きたくなってしまいます。

……と、ここまであまりに当たり前の話を力説していることに違和感を覚えてしまいます。結婚式はたくさんの友人を呼んでお金をかけるべき、結婚したら子供を作るべき、と理想の状況を思い浮かべること自体はまったく問題ありませんが、それに縛られて行動が制限されるのは考えものです。

今では意識する人はずいぶん減ったと思いますが、一昔前には婚約指輪は給料の3か月分が「相場」だと言われていました。これはダイヤモンドの取り扱いで有名なデビアス社のキャッチコピーだったようです。つまり昔からの常識でも相場でもなく、**高い指輪を売るためのマーケティング戦略**です。

わかりやすくてうまいなあと思いますが、結婚式の費用は平均300万円という話もまったく同じです。営利企業が何の意味もなくデータを公表するわけはありません。

一緒に暮らせばコスト削減効果は大きいと言うと、あまりに夢のない結婚かもしれませんが、地に足がついていていいのでは？　と思います。

子育てにお金はかかるけど、出産は義務ではないという話。

「子供が生まれたらお金がかかるじゃないか」という反論も、ネットで書いた記事で受けました。実際には、夫婦ともに240万円の収入があれば贅沢はできませんが、十分子育ても可能です。

また、子育てにお金がかかることは間違いありませんが、結婚をしたら必ず子供を産まないといけないというルールはありません。子供のいない夫婦は普通にいます。自分が相談で対応するカップルでも、年齢に対して極端に貯金の多い夫婦は、子供がいないことが理由の場合もあります。

子育て費用は、各種データから試算すると、大学までずっと公立コースでも生活費込みで1800万円ほどかかります。2人いれば3600万円です。途中から私立高校や私立大学に通わせれば、さらに数百万円も上乗せされます。幼稚園から大学まで私立コースならば、1人で3200万円です。

「お金のために子供を作らないほうがいいですよ」と言うつもりはまったくありませんが子供のいない夫婦は金銭的にラクであることは間違いありません。**結婚しても余裕ができるまで子供は産まない、という判断をすれば金銭的に破たんすることはありません。**

妊娠・出産にはタイムリミットがありますし、子育ての公的支援が少ない状況では一定以上の収入がないと子供を産んで育てることは大変であることも間違いありません。教育にお金をかけるには自身の収入を増やすか、収入の高い人と結婚するか、どちらかを選択する必要があります。

ただ、**結婚も出産も、必ずしないといけないわけではありません。**義務ではなく権利でもないわけです。

結局は、どういう生活を送りたいのか？　どこにお金を使いたいのか？　というライフプランの話になります。

奨学金が残っているから結婚できない、という勘違いについて。

もう一つ、現在結婚の障害としてあげられているものが「奨学金の返済」です。

奨学金の貸出先は、昔ならば育英会、今は日本学生支援機構と言いますが、現在は2・6人に1人が奨学金を借りています。

学費は昔と比べて高騰するいっぽうで親の年収が下がり、奨学金を借りる人が極端に増えています。これは当然の状況だと思うのですが、奨学金の返済が残っているから結婚できない、と考えている人が多数いると聞いて驚いてしまいました。

実際、労働者福祉中央協議会のアンケート調査によれば、奨学金の返済が結婚に影響している、と答えた人は30%以上にのぼります。

就職したばかりで収入が低いうちは返済が大変というのはわかりますが、それがなぜ結婚に影響するのでしょうか。

先ほど説明したように、結婚をすることで生活費はかえって下がります。収入が低い人は結婚したほうがいいと書きましたが、同時に「奨学金の返済がある人も結婚したほうがいい」ということになります。**結婚による生活コストの削減効果で、返済額を捻出《ねんしゅつ》できるからです。**

先ほどのアンケート調査に関する記事を読んだ際に、一部の偏った意見なのでは？　と思ってネットで検索をしてみました。すると、奨学金の返済があるから結婚できないという話は、ネット上にある匿名の相談サイトでは定番の悩みのようで、多数の相談がヒットします。

回答を見ても、「奨学金の返済があれば結婚できないなんて当たり前」、中には「奨学金の返済を抱えて結婚をするなんて非常識」という回答まであり、かえって自分のほうが頭を抱えてしまいました。「奨学金と結婚なんて関係ない」という記事を書いた際にも同様に、奨学金の返済を抱えて結婚なんてできない、という反応は多数ありました。

言うまでもなく、**一人暮らしよりも夫婦共働きのほうが収入は安定します**。倒産や解雇で一時的に収入が途絶える場合もあるかもしれませんが、そういったときでも収入源は2つあるほうが安定した返済ができます。夫婦であれば、一時的にパートナーに頼ることが恥ずかしいということはないでしょう。

結婚をした人に子供を産む義務が発生するわけではありませんので、子育て費用の負担で奨学金の返済ができなくなるから結婚しないほうがいい、という話も成り立ちません。

いずれにせよ、結婚することが奨学金の返済にプラスに働くことはあっても、マイナスに働くことはまったくありません。借金を抱えた状態での結婚は、気分的にスッキリしないことは理解できますが、これも先ほど述べた「年収240万円でも子育てしながら普通に生活はできる」と書いてネットで批判を受けた記事と同じで、双方が結婚をしたいと思っているのならしてしまったほうが返済がラクになることは間違いありません。

奨学金の返済で結婚生活に支障が出るような人は、そもそも収入が極端に少なく、結婚以前に日常生活すらままならない状況ですから、返済の猶予や免除の相談、あるいは生活保護などの相談をすべきということになります。

自分が普段アドバイスをする人の多くは、奨学金をお子さんが借りるのはまだまだ先という30代の方ですが、住宅購入では長期にわたるライフプランを考える必要があります。当然、将来の子供の大学費用は負担が大きいのですが、それについては**限度額まで奨学金を借りるといい**とアドバイスをしています。なぜなら、**在学中は利息が発生しない**からです。

借金をする目的は、住宅でも車でも教育でも、支払いができない状況を避けるためです。支払いが止まってしまえば、企業なら倒産、家庭ならば子供が退学させられたり、持ち家を取り上げられて家に住めなくなったり、最悪の場合は自己破産です。

そういった事態を避けるために手元に資金を残して、ちょっとずつ返済をすることで支払いが止まってしまうリスクを避けているわけです。これを「資金ぐり」と言います。

利息を考えれば、借金はないほうがいいに決まっていますが、**資金ぐりを考えるとお金は借りたほうがいい**ということになります。

奨学金を借りると風俗店で働いて返すことになる、という勘違い。

一時、奨学金の返済に困った人が風俗店で働いている、といったニュースが報じられて大騒ぎになったことがありました。日本学生支援機構は、現在回収に力を入れており、返済の滞っている人に対して訴訟を数千件起こしているとも報じられています。こういったニュースから、奨学金はかつての消費者金融よりひどい、などとずいぶん無茶苦茶な批判まで起きています。

実際には、学ぶ意欲がある人に超低金利で貸しつけをしており、「在学中は無利息、収入が低い場合は返済の猶予も可能」と奨学金は極めて条件の甘い借金なのです。銀行でも消費者金融でも、まだ働いておらず将来いくら稼げるかもわからない学生に数百万円も貸すことはありません。**ほかの教育ローンと比べても条件はよく、奨学金は、大学進学を支える重要な仕組み**です。

風俗店で働いているといった話も、返済猶予を申し込めば問題のないケースがほとんどのはずです。

「返せない人に貸すなんておかしい」という批判もあります。これはかつての消費者金融（いわゆるサラ金）が返せないのは自己責任、自業自得と考えられていた状況から、貸し手の責任が問われて「返せない人に貸すのもおかしい」という方向性に変わったことを考えれば一理あります。ただ、それをやるとどうなるでしょうか。

日本学生支援機構の理事長は経済誌のインタビューで、奨学金はすでに社会全体のインフラになっており、毎年1兆円も貸し出される奨学金を減らしてしまえば学生が大学に行けなくなる、結果的に学生を経由して大学に渡っていた奨学金が減って大学も経営が立ち行かなくなる、という何とも衝撃的な回答をしています（奨学金理事長「大学にさえ行けばいいなんて、イリュージョン」〝学生の借金1兆円〟が映すこの国の歪み　日経ビジネスオンライン　2015年3月26日）。

このインタビューでは一つの私立大に最大で200億円も貸与しているということですから、奨学金の貸し出しを絞れば大学進学率が下がって大学教授や大学の職員も大量に失業することは間違いありません。

結局、奨学金の問題は、**学費が高い、つまり教育に投じられる税金が少ないという政策の問題**です。加えて、**大学での勉強が収入アップに結びついているのか？　大学はこんなにたくさん必要なのか？　といった教育の質と量の問題**でもあります。

奨学金返済の滞納は、学生のみならず大学の問題でもあるという方針で、今後は大学別の返済延滞者の割合を公表する予定とのことです。このデータは、今後大学選びに強く影響する可能性があります。

大学進学で収入は増えるのか？

個人のお金の話からずれてしまうのでこれ以上は論じませんが、すでに自身が奨学金を借りている人はゆっくり返していけばいい、将来奨学金を借りる人は雑音を気にせずしっかり借りればいい、ということです。結婚には何ら関係のない話です。

当然のことながら、**借り入れは返済できることが大前提**です。

「子供を大学に行かせるのは当然」と、学ぶことの意味や将来の返済リスクも考えずに多額の奨学金を借りることが、果たして問題はないのか慎重に考えてください。**現在の大学進学率はおおよそ50%程度**ですから、半数の若者は大学に行っていないわけです。

もっと昔ならば、進学率が2割程度の時代もありました。昔といっても戦後直後の大昔ではなく、ほんの20~30年前のバブル期の話です。そのころから大学進学率は急激に上がるいっぽうで、日本経済はほとんど成長をしていません。

個人で見ても、大学を出たのに収入が低いという人は珍しくありません。高卒と大卒では生涯年収に大きな違いがありますが、それは平均・全体の話であり、そして過去の話です。

子供の将来を考える際は、奨学金を借りるかどうかにかかわらず、夫婦間で、そして親子間で、進学の意味を考えることが重要です。

返済ができなくなった学生の中には「奨学金に返済義務があると知らなかった」というとんでもない人も一定数います。これは、本人以上に学校や親の責任でもあります。借金をして学んでいること、多額の費用をかけて学んでいることを説明するのは親の義務です。

奨学金の返済を抱えていると「将来、娘の結婚に悪影響があるのでは……?」と心配されている親御さんも相談された方の中にいました。個人的には、ギャンブルや浪費で抱えた借金ではないのに、それを理由に敬遠するような相手はダメ男に違いないから結婚しないほうがいい……とは思いましたが、そこまで偏ったことはさすがに言えません。

娘さんには、奨学金の仕組みや借金の意味、借金をして学ぶことの意味をしっかり伝えて、それを相手にも伝えれば、結婚を真剣に検討している男性ならば理解してもらえるのでは？　とアドバイスしました。

奨学金問題はかなり大きく報じられましたので、返済不要な奨学金制度の設立も検討がなされていますが、すべての希望者が返済不要にはならないはずです。

今後も奨学金を借りる人は増え続け、2人に1人、つまり半分以上の人が多額の奨学金を抱えて社会人になる状況はもう目の前です。これがまともな状況とは思えませんが、短期間で改善される可能性は極めて低いと思われます。

これから子供が借りる可能性がある人は、奨学金は怖いと反射的に考えるのではなく、多額のお金を借りて学ぶメリットはあるのか？　返済の目途は立つのか？　と客観的に考えてほしいと思います。そして、すでに借りている人は、くり返し説明したとおり、結婚とは関係なくゆっくり返済をしていただければと思います。

Chapter 3

「ラクして確実に儲かる方法」をFPが本気で考えてみた。

確実に儲かる方法を探してみたら、案外たくさん見つかった件について。

損をする可能性がゼロで、確実に儲かる方法はないものか……。

誰もが一度くらいは考えたことはあると思います。原則としてはラクして大儲けはできません、ということになるのですが、一部の特殊な状況に限れば案外たくさんあるのです。以下、紹介してみたいと思います。

これらはどれも一つの項目で一冊の本が作れてしまうくらい複雑なものですので、制度や仕組みを詳しく紹介することが目的ではありません。うろ覚えでも構いませんので、**制度の名前だけでも頭の片隅に置いてください**。

そして、**必要になったときに詳細を調べてください**。図書館ならばネットの利用や関連書籍も無料です。とにかく困っているけど何もわからない、という場合は区役所や市役所に相談に行くだけでもまったく違います。

なお、公的な制度はそのときどきで変わる場合もあります。制度自体が終了したり、新しくできたりといった場合もありますので注意してください。

貯金をするだけで大儲けする仕組み「確定拠出年金」ってなんだ？

「確《かく》定《てい》拠《きょ》出《しゅつ》年《ねん》金《きん》」とは、公的年金である国民年金や厚生年金に上乗せして老後に備える年金制度のことです。名前からしてアレルギーを起こしてしまいそうですが、非常におトクな制度です。**おそらく最もトクをする制度**ですので、多少面倒でも最後まで読んでもらえればと思います。

現在、会社員の方で厚生年金以外の年金に関する制度（総称で「企業年金」と言います）がまったくなければ、確定拠出年金を利用できます。自営業の方も利用できます。

確定拠出年金はすでに会社で入っている、という人もいると思いますが、それは「企業型」です。ここでは「個人型」を紹介します。今まで個人型を使えなかった人も制度改正で２０１７年から使えるようになりますが、これはのちほど説明します。基本的には誰でも利用できるようになると考えてほぼ間違いありません。

「老後が不安だから貯金をしておく」という人は多いと思いますが、確定拠出年金で老後資金を貯めれば、今払う税金を減らすことができます。正確には、所得控除《しょとくこうじょ》の対象になり、所得税が減ります。

所得税の計算は多少ややこしいのですが、給料から各種所得控除を差し引きます。

「控除」というとさらにややこしく感じるかもしれませんが、企業ならば売り上げから費用を差し引いて、そこで発生した利益に税金がかかります。計算方法は次のとおりですが、これはたぶんスンナリ理解してもらえると思います。

売り上げ－費用＝利益

利益×税率＝税金

売り上げではなく、あくまで利益に税金がかかります。

個人の場合は、売り上げ＝給料、費用＝控除、利益＝所得と考えてください。先ほどの計算式とは呼び方が違うだけでまったく同じ手順で計算します。

給料－控除＝所得
所得×税率＝税金（所得税）

控除が増えれば所得が減り、かかる所得税も減ります。そして確定拠出年金は、かけ金が全額所得控除の対象になります。

どれくらいトクをするかは、1年間のかけ金に「所得税率（所得により異なる）**」と「住民税率**（通常は10%）**」の合計をかけると、額がわかります**。ここはちょっとややこしいかもしれませんので、会社に例えながら丁寧に説明してみたいと思います。

ある企業の利益が500万円で税率が30%ならば、税金は500万円×30%で150万円です。もし利益が400万円ならば税金は120万円と、30万円減ります（税率は30%ですから、減った利益に税率をかければどれくらい税金が減るか簡単にわかります）。これが確定拠出年金で税金が減る仕組みです。

400万円の利益と500万円の利益を比べることに何の意味があるのかわからない人

もいるかもしれませんが、たとえば社長が取り引き先と頻繁に食事をしていて、それが年間100万円かかっていたとします。食事代を社長が自分の財布から出せば税金に影響しませんが、会社の経費として認められる内容ならば、会社からお金を出すことで費用が増え利益は減ります。つまり500万円の利益が400万円になり、税金も減るという状況です（あくまで税務署に認められればの話です）。

会社のお金も社長のお金も（オーナー社長ならば）実質的には出所は同じですが、税金の計算上、費用として計上しただけで30万円もトクをします。確定拠出年金も仕組みとしては同じです。

会社員がもらった給料の一部を貯金するだけならば当たり前ですが税金は減りません。しかし、**確定拠出年金の制度を利用して貯金（運用）するならば、それは所得を減らす経費（控除）として認められます**。結果として食事代を会社の経費から出す社長のように、税金が減るわけです。

かけ金の上限は会社員ならば月額2・3万円、自営業者ならば6・8万円です。年間に直せばそれぞれ27・6万円、81・6万円の所得を減らせます。自営業者のほうが額が多い理由は厚生年金がないからです。

平均的な会社員の方であれば所得税率は10～20％程度、収入の高い人ならば23～45％です。仮に所得税率が20％ならば、住民税率10％と合わせて、27・6×30％＝8・28万円も年間でトクすることになります（あくまで目安です）。

「27万円を貯金すると8万円もらえます」といったキャンペーンをどこかの銀行がやれば大騒ぎになるほどおトクな額です。これを10年、20年と続ければ大きな額になります。

確定拠出年金は、「**老後のための備えを国が税制で応援してくれる仕組み**」と覚えてください。

手順は、銀行や証券会社に確定拠出年金専用の口座を作ります。金融機関は自由に選べますが、個人型はあくまで自分で申し込まないといけないので、窓口やネットから口座の開設を申し込みます。そこに毎月かけ金を入れます。

「かけ金」として貯めたお金は、さまざまな運用方法があり、自身で自由に決めることができます。金融機関ごとに異なりますが、株や不動産など、リスクのある資産運用（通常は投資信託を選びます）以外に銀行預金も含まれています。

「資産運用なんてやりたくない」「税金が減った以上に運用で損をすると意味がない」という人もいると思いますが、そういう人は銀行預金（定期預金）で運用してください。結果的にただ貯金をしているだけで税金が減る、ということになります。

かけ金に上限があるのはあまりに有利すぎる仕組みだからです。運用益に税金はかかりませんので、株などで大儲けをした場合でも税金はかかりません。これが証券会社で運用していれば20％も税金がかかってしまいます。

かけ金で税金が減る、運用益に税金がかからない、運用方法を自分で決めることができる、これが確定拠出年金のメリットです。

デメリットは、原則として老後のための備えですから60歳まで解約できないことです。

毎月多額のかけ金を預けて何百万円と貯まった場合、60歳まで手をつけられないことはかなりのデメリットになる可能性もあります。

したがって、毎月のかけ金をいくらにするかは慎重に決めてください。後から変更も可能ですが、頻繁には変えられません（年に1回程度）。

たぶん、「何となくよさげな制度だけど面倒くさそうだなあ」……と思った人も多いと思います。実際、制度を使えるのに使っていない人は99％にのぼると言われています。

原因は、面倒くさそうな制度であることと、おそらく名前もよくないと思いますが、**2017年1月からは今まで制度を利用できなかった人（公務員や確定拠出年金の企業型が会社で導入ずみの会社員、専業主婦）も利用できるようになります**。

かけ金の上限は自身の状況によって変わります。たとえば公務員であれば1・2万円です。専業主婦は2・3万円ですが、所得税がかかっていない人はメリットが半減します。ただ、リスク運用をする人は大儲けしたときに税金がかかりませんので、メリットは残っています。企業型がすでに会社にある会社員は2万円、確定拠出年金以外の企業年金制度がある人は1・2万円と、人によってかけ金の上限が細かく変わります。

制度変更をきっかけに、知名度が上がって利用者は増えるかもしれませんが、金融機関からすればそれほど儲かる仕組みではありませんので、大々的に宣伝されることはないと思われます。あくまで自分から動いて調べないといけないということになります。

2000円で日本全国の特産品をゲット。「ふるさと納税」というハンターチャンス。

ふるさと納税はかなり話題になっているのに、利用している人がまだ少ない制度です。税金がからむことが敬遠される原因だと思いますが、「所得税」「住民税」を自分の住んでいない自治体に寄付する制度です。「ふるさと」という名称ですが、自分の出身地である必要はありません。日本全国どこでもいいことになっています。

ふるさと納税のメリットは、寄付をすると地域によってお礼の品がもらえることです。

しかも、その内容は思った以上に豪華です。多くの地域が農産物や海産物など地元の名産品を返礼品としていますが、中には旅行パックやデジタル機器、地元だけで使える商品券などもありますので、どれにしようかと探すことも一つの楽しみです。

寄付額には上限がありますので、税金を全額寄付できるわけではありません。

ふるさと納税の情報サイトとして有名な「ふるさとチョイス」によれば、単身者や共働きで子供のいない人の場合、年収400万円で寄付金額の上限目安は4・3万円となっています（執筆時データ）。

この場合は4・3万円の寄付で4・1万円が「所得税・住民税」から差し引かれます。つまり、**実質負担額2000円だけでさまざまな特産品がもらえるということ**です。2000円はふるさと納税に必要な手数料のようなものと考えてください。

ふるさと納税の詳しい仕組みや申し込み手順は、総務省の**「ふるさと納税ポータルサイト」**や**「ふるさとチョイス」**などで確認できます。書籍も多数出ていますが、制度変更があるので新しい書籍を買うようにしてください。上限額の計算は「ふるさと納税ポータルサイト」でエクセルのシートを配布しているのでそちらも利用できます。

「ふるさとチョイス」では、返礼品の情報を紹介しているだけではなく、多数の自治体に対してサイト上から申し込みもできるようになっています。以前は確定申告の必要もありましたが、制度が変更され、5か所までならば**「ワンストップ特例」**と言って寄付をした自治体へ書類を送るだけで手続きは終わり、ということになりました。

返礼品も、おトクな自治体を選ぶと1万円の寄付でお米が20キロ、豚肉が4キロなど思った以上にたくさんもらえます。人気のある返礼品は、募集開始からすぐに品切れしてしまう場合もあるようです。

季節ごとにいろいろな特産品を取り寄せて楽しんだり、あれこれと探して選ぶのが面倒な人は、すべての寄付金を必ず消費するもの（お米やお酒など）に換えて、普段の生活で買う必要をなくしてしまう、といった方法もアリかもしれません。

20キロで1万円ならば近所のスーパーよりは割高に見えますが、実際には納税先を変えているだけですから負担は2000円です。負担は、寄付金がいくらでも、寄付先が何か所でも2000円だけですから、手間がかかること以外は無料に近い状態で返礼品を獲得していることは間違いありません。収入が高い人は寄付の上限額は上がりますので、もらえる返礼品も増えます。

何となく名前を聞いたことがある人は多いと思いますが、利用しない手はありません。

公的制度は受け身でいると利用できません、という話。

公的制度、社会保障制度を「確実に儲かる」と言うのは多少違和感もありますが、自己負担なしで利用できる制度は多数あります。

日本では、どこに住んでいても健康保険の制度があり、年金も必ず加入する仕組みです。そんな状況から、公的制度は受け身で何もしなくてもすべて利用できると勘違いしている人もいますが、決してそんなことはありません。実はその逆で、**多くの制度が申請をしなければ利用できない**のです。これを「申請主義」といいます。

一番わかりやすいのは「生活保護」や「公的介護保険」です。役所の担当者が自宅に訪れて、収入がなくて困っていませんか？　生活保護を利用しませんか？　介護保険はいかがですか？　などとおすすめしてくれることは絶対にありません。

申し込めば利用できるのに、知らないまま苦しい生活を送っている人はたくさんいます。

「お金の知識が生活水準を決める」と書いたとおり、これらの制度をまずは名前だけでも覚えてください。

紹介した制度は、代表的なものだけで全体から見ればごく一部になります。くり返しになりますが自身で調べたり、相談をするなど、自分から動かない限りもらえない、ということは忘れないでください。

なお、これらの公的な制度について**自身で申し込みが困難な場合、行政書士や社会保険労務士（社労士）、弁護士などに依頼することも可能**です。たとえば障害年金は申し込みに手間がかかる仕組みで、申請代行を専門としている社労士もいるくらいです。

生活保護は、申請窓口で追い返されてしまうこともあると言います。こういった場合は、行政書士や弁護士などの手を借りる必要があるかもしれません。弁護士の無料相談では「法テラス」というものもあります。

公的な制度なのに、なんでそんなややこしいのか納得いかない面もありますが、残念ながら現状ではそうなっているとしか言いようがありません。「なんだかよくわからないからやめておこう」と考える前に、まずは役所に直接相談を、よく理解できない場合は申請の代理をということで、せっかくの権利を無駄にしないようにしてください。

【知っておくべき制度①】

万が一に備えるもの

「健康保険」を利用したことがない人は、まずいないと思います。日本では国民皆保険といって、健康保険の加入は義務づけられているからです。通常は、3割負担で病院を利用できます。ただ、ほかにもいくつか便利な制度があります。

「高額療養費制度」といって、1か月で一定額以上の治療費がかかった場合、自己負担額はわずかですむという制度です。

ここでいう「一定額」は、収入により5段階に分かれます。一般的な会社員の方（標準報酬月額28万～50万円）の自己負担の限度額は、8万100円＋（総医療費－26万7000円）×1％です。

総医療費が30万円の方は、8万100円＋（30万円－26万7000円）×0・01＝8

万430円となります。つまり、8万100円を超えると、ほとんど自己負担は増えないということです（健康保険の種類により、自己負担額がもっと低い場合もあります）。

これだけ多額の費用を払うケースはおそらく入院をしたケースがほとんどだと思いますが、いったん総額を払って後から上限を超えた分が戻ってくる場合と、窓口での支払い額が自己負担の上限ですむ場合と、2つのケースがあります。利用方法は、勤務先の健康保険に加入している方はお勤め先に、国民健康保険の方はお住まいの自治体の担当部署やHPで確認をしてください。

傷病手当

もう一つ、勤務先の健康保険に加入をしている場合、「傷病手当」というものがあります。

これは4日以上連続して休んだ場合、給料（正確には標準報酬日額）の三分の二が支払われる制度です。期間は最長1年半とかなり長めです。会社によっては給料の8割や全額、期間は2年、3年と長い場合もありますが、これは福利厚生の一環として上乗せされている場合です。

これらの制度は、利用したことがある人は知っているけど、そうでない人は知らないということが多いようです。会社員の方であれば、まずは勤務先の福利厚生を改めて確認をしてみてください。

公的年金は3つある

年金は老後にもらえるものということを知らない人はいないと思いますが、公的年金は3つあります。それが、**「老齢年金」「障害年金」「遺族年金」**です。

老齢年金は、自営業者やアルバイト・パートの人が加入する「国民年金」と会社員・公務員が加入する「厚生年金」の2つです。以前は、公務員が加入するのは「共済年金」でしたが、厚生年金と統合されました。

老齢年金は、老後にもらえる仕組みだからまだ先という人も多いと思いますが、「障害年金」と「遺族年金」は若くしてもらう可能性もあります。

「障害年金」は、怪我や病気で障害を負った場合にもらえます。

老後の年金が国民年金と厚生年金で2階建てと言われるように、障害年金も「障害基礎年金」と「障害厚生年金」の2階建てです。

疾病や負傷などによる障害の程度が何級に該当するか、細かく定められています。これは日本年金機構のＨＰで確認できます。

受付の窓口は、お住まいの市区町村の役所、もしくは年金事務所です。制度はかなり複雑ですので、障害年金がもらえるかもしれないとなった場合は、まずは問い合わせてみることをおすすめします。

「遺族年金」は、配偶者や親が亡くなった場合にパートナーや子供がもらえる仕組みです。

これも「遺族基礎年金」と「遺族厚生年金」の2階建てです。

「遺族基礎年金」は、子供のいる配偶者、もしくは子供が対象なので、通常はお子さんのいる状況でパートナーが亡くなった人がもらうという形になります。期間は18歳までです。金額は年間78万１００円＋子供一人当たり22万４５００円です。ただし、３人目以降の加算額は７万４８００円になります。ざっくり計算すると、子供１人なら約１００万円、２

人なら約120万円となります。

「遺族厚生年金」は、給料の額と働いた期間で異なります。子供がいるかどうかは関係ありませんが、30歳未満の妻は5年間と期間が限定されます。計算方法は、夫が老後にもらえる年金の四分の三の額で、加入期間は最低でも300か月で計算します。

年金の注意点として、会社員の方であれば給与天引きで支払い忘れは原則ありませんが、**「国民年金」の場合は支払いをしていない期間があると、障害年金・遺族年金ともに支給対象外となる場合があります**。

老後に年金なんてもらえないし……と滞納している人は、注意が必要です。過去の年金の納付状況は年に1回届く「ねんきん定期便」やウェブ上の「ねんきんネット」で確認できます。

介護保険

「介護保険（公的介護保険）」は、通常65歳以上の人が利用する制度です。一部の病気（特定

16疾病）が原因で介護が必要な人は、40歳からでも利用できます。

特定16疾病を除けば、おそらく読者の方はご両親のほうが先に利用することがほとんどかと思います。介護サービス利用者は70歳代後半から急増するからです。

介護サービスを1割、もしくは2割の負担で利用できるのが「介護保険」ですが、健康保険のように保険証を持っていけばいつでも誰でも利用できる、というものではありません。

まずは、市区町村の役所の担当部署で、介護保険の利用を申し込みます。すると、介護ランクを決めるために「要介護認定」を受ける必要があります。

要支援1から要介護5まで、ランクは7段階に分かれていますが、介護ランクが重い人のほうがよりたくさんの介護サービスを利用できます。介護ランク決定後は、どのような介護サービスを受けるかを決め、次にどの介護施設に依頼するかを決めて、ここまで段階を踏んでやっと「介護保険」で介護サービスを利用できることになります。

手順は詳しく覚える必要はありませんので、まずは役所の担当部署に申し込みをしない限り介護保険は利用できない、ということを覚えてください。

加えて、要支援1や2に該当する条件を見ると、これって介護と言えるの？　というくらいの状況でも、介護保険を利用できることがわかると思います。介護保険は寝たきりになった人が使うもの、というイメージを何となく持っている人もいるかもしれませんが、決してそうではありません。ある日、突然寝たきりになる人は滅多にいないと思いますので、逆に**寝たきりになる前に利用してください**、ということになります。

今後は、高齢者の増加で介護離職が増えると言われていますが、本来はその逆で、**介護保険があっても介護にはお金がかかるので仕事は辞めるべきではない**、が正解です。

仕事を辞めざるをえない……と考える前に、介護保険の利用を考えてください。また、重度の介護が必要になる前に、介護保険を利用することも考えてください。まずは相談・申し込みをしないと利用できない、という点を覚えておけば十分です。

【知っておくべき制度②】

子供がいる人、これから産む人へ

出産や産休・育休で手当てがもらえることを知っている人は多いと思います。

産休手当、正確には**「出産手当金」**は出産の前後（産前42日、産後56日、合計98日）で、給料の三分の二が支払われます。通常は、正社員が利用できる制度ですが、勤務先の健康保険から支払われる仕組みなので、加入している人は契約社員やパート勤務でも利用できます。

出産時の費用は、**「出産育児一時金」**の42万円でおおむねまかなえるケースが多いようです。これは健康保険から病院に支払われ、差額は後から振り込みで受け取るか、不足する場合は残額を病院に支払います。

育休手当は、**「育児休業給付金」**と言います。これは雇用保険から支払われます。通常は1年、保育園が見つからない場合は1年半支給されます。金額は、最初の半年は月給の三分の二、それ以降は月給の半分です。

「児童手当」は、3歳までは1か月あたり1・5万円、それ以降は月額1万円（第3子以降は1・5万円）ですが、支払いは4か月分をまとめて受け取る形です。これはお住まいの自治体が支給します。

制度自体はどれもそこまで複雑ではないのですが、どこからもらうか、どのようにもらうかがそれぞれ異なります。出産・子育てをしながらこういった手続きをするのは非常に面倒ですが、もらい損ねがないようにしましょう。

【知っておくべき制度③】
働くすべての人へ

失業保険、正確には「雇用保険」の申請はハローワークで行ないます。これは失業した人がもらえるお金ではなく、求職中の人がもらえるお金です。したがって求職の意思がない人、たとえば結婚を機に仕事を辞めて復帰するつもりがないといった場合はもらえません。

また、仕事を辞めた人が必ずもらえるわけでもありません。**雇用保険に加入していた人がもらえる仕組み**です。自身が対象になっているかは、給与明細などで雇用保険料が差し引かれているかで確認できます。

ただし、雇用保険の対象者（被保険者）は「31日以上の雇用見込みがあること、1週間の所定労働時間が20時間以上であること」の2つです。適用基準を両方満たす労働者は、本人や雇用者の意思とは関係なく雇用保険の加入者となります。

辞め方も、もらえる期間などに影響します。自ら退職した場合、もらえるのは「1週間＋3か月後」となります。会社都合の場合は、「1週間後から」もらうことができます。もらえる金額（退職前の50～80％程度）と受給期間も、年齢や勤務期間（雇用保険の被保険者だった期間）で異なります。これらはハローワークのHPなどで確認できます。

自分から辞めると3か月ももらえないのか……と驚いた人もいるかもしれませんが、もし辞めざるをえない状況だったのであれば、自ら退職を申し出た場合でも、会社都合と同様にすぐもらえることも可能です。

これは「特定理由離職者」と言います。給料がちゃんと支払われなかった、過剰な長時間労働が続いた、嫌がらせを受けた、病気や妊娠・出産などで退職した、結婚や子育てなどにより通勤が困難になったなど、さまざまな理由が対象になります。自分は対象になるかどうかも、ハローワークのHPや窓口で確認したほうがいいでしょう。

ひどい環境で働いている人は、我慢や無理をして働くよりも、さっさと辞めて失業保険をもらいながら次の仕事を探したほうがいいケースは多々あるはずです。貯金がないから次の仕事が見つからないと辞められない場合も、先述の辞めざるをえない状況に該当すれば、すぐに支給を受けることは可能です。

失業保険（雇用保険）を利用できない場合は、「求職者支援制度」というものもあります。これはハローワークで就職支援を受けながら無料の職業訓練も受け、月に10万円ももらえるという非常に手厚い制度です。職業訓練の内容は、資格や技能の取得。具体的には、パソコンの使い方から簿記、ウェブサイトの作成やグラフィックデザイン、エステやネイルアートなど多岐にわたります。これだけ恵まれた制度ですので、利用には条件がありま す。詳細はハローワークのＨＰなどで確認できます。

また、仕事（通勤中も含む）が原因で怪我や病気になった場合、正規・非正規を問わず、治療費は指定の医療機関で治療を受ければ無料になり、休業したことで賃金をもらえない場合は補償を受けることもできます。死亡や障害を負った場合なども補償されます。これらは「労災保険」と呼ばれます。

治療に関する申請は、病院を経由するか労働基準監督署へ、そのほかの補償も労働基準監督署が申請先になります。

生活保護

「生活保護」は、単純に働けない人がもらえるものではなく、働けない、貯金などの資産がない、ほかに頼れる人がいない、年金や各種手当などほかの制度の対象外、といった条件をすべて満たす場合のみ利用できます。

また、働ける場合でも、生活するために必要なだけの資金を稼げない場合は、その差額をもらうことも可能です。

生活するために必要なだけの資金は「最低生活費」といって、地域や家族の人数によって異なります。受給の相談・申し込みは、各自治体にある福祉事務所が受けつけています。

生活保護を受けるほどではないが一時的に生活費が足りずに困っているという人には、**「生活福祉資金貸付制度」**というものがあります。窓口は各自治体になります。用途は主に生活費や療養費のほか、冠婚葬祭・就職・就学などでも利用できます。

これだけ知っとけば死ぬまで応用がきく、投資とギャンブルの違い。

大きな書店に行くと、資産運用のコーナーには多数の本が並んでいます。まっとうなものから明らかに怪しいものまで数百冊、数千冊と並んでいるわけですから、どれが正しいことを書いているのか初心者にはまったくわかりません。

そもそも「株式投資」とは、会社に資金を提供することです。その資金を経営者がうまく使って利益を出してくれれば株価は上がります（かなり単純化した説明です）。

いっぽう「ギャンブル」は、参加者がお金を出し合い、競馬や宝くじなどで勝った人がお金を総取りするという仕組みです。つまり、お金の奪い合いです。

その際、胴元が手数料をかなり取ってしまいます。競馬ならば25％、宝くじならば半分です。もし貯金や投資をする際に手数料が25％とか50％と聞いたら、誰でも怒り出すと思いますが、ギャンブルではそれだけの手数料を抜かれてしまっても参加する人は絶えないわけです。これをバカらしいと理解できない人だけが、金儲けのためにギャンブルをやります（娯楽としてのギャンブルは否定しません）。

株式投資がお金の奪い合いでない理由は、お客さんがその会社の商品にお金を払ってくれるからです。

そのお金が売り上げとなり、利益となり、株価となります。その会社がどれくらい利益を出しているか、そしてその利益が今後どれくらい増えていくか、これで株価は決まるわけです。つまり、**付加価値が生まれているからこそ「投資」と言える**わけです。

お金の奪い合いで儲かるのは胴元だけですから、投じたお金が付加価値を生むことはいっさいありません。これが「ギャンブル」と「投資」の本質的な違いです（ただし、短時間で売買をくり返すデイトレードはギャンブルと同じです）。

では、株式投資をうまくやるにはどうしたらいいのでしょうか。

これから資産運用をやりたい人のために伝えたいことは「資産運用は敗者のゲームであ

る」ということです。

資産運用の名著で『敗者のゲーム』(日本経済新聞出版社)という本があります。

著者のチャールズ・エリスは資産運用をテニスにたとえて説明します。テニスをやったことがある人はわかると思いますが、部活動などでしっかり練習した人でなければ、相手のコートにボールを返すだけでも一苦労です。

プロのテニスプレーヤーがコートの隅に強烈なショットを決めることで勝利を得るのに対し、素人同士のテニスはネットにボールを引っかけたり、強く打ちすぎてホームランを打ってしまうなど、ミスをしたほうが負けます。

つまり、プロのテニスは強い人が勝つ勝者のゲーム、素人のテニスはミスをするほうが負ける敗者のゲームです。似ているようで両者の性質はまったく違います。そして、資産運用もまたミスをしたほうが負ける敗者のゲームです。

資産運用におけるミスとは、ギャンブルのように「予想が当たったら儲かり、外れたら損をする取り引き」だと勘違いして運用をすることです。

もちろんそれ自体は間違いではありませんが、ファンドマネージャーと呼ばれるプロの投資家ですらミスを犯しているのです。

どういうことかというと、資産運用の「平均点」であるインデックス（※参照）を下回るプロの投資家は約5割で、時期によっては8割にのぼります。つまり、資産運用をギャンブルだと思って、そのように取り引きをしている限り、確実に損をしてしまうわけです。

（※日本のインデックスは、「日経平均株価」や「トピックス」と呼ばれるものです。日経平均株価は名前に平均とあるとおり、株価の基準・水準として参考に使われる指標です。通常はトピックスを日本株の平均点〔インデックス〕として使うことが多いのですが、本書では日経平均株価で話を進めます）

「日経平均株価」は、日本経済新聞社が選んだ日本を代表する225社の株価を平均したものです。プロのファンドマネージャーが日本株を運用する場合も、日経平均株価やトピックスを上回ることを目指します。

プロが運用と聞くと、どの会社の株価が上がるか、いつ売買すればいいか、最適なタイミングで運用をしてくれそうに見えます。しかし、実際はすでに書いたように、日経平均株価に勝てないプロは多数いるわけです。**プロは運用が下手くそである、という話は資産**

運用の世界では不都合な真実としてよく知られています。

では、プロですら失敗する資産運用でうまくやるには、どうしたらいいのでしょうか。

それはインデックスと同じ値動きをする「投資信託」を買うことです。

プロのファンドマネージャーが自分なりの判断で運用する投資信託を「アクティブファンド」と言います。いっぽう、インデックスとまったく同じ値動きをするファンドを「インデックスファンド」と言います。

プロが高い確率で失敗をするのなら、アマチュア投資家は高い確率でプロに勝ってくれるインデックスファンドを買えばいい、という結論になります。

なお、インデックス投資は平均点を確実に取れますが、それは確実に儲かるという意味ではありません。日経平均株価が大幅に下がることもあるからです。その点は誤解しないように気をつけてください。

毎月貯金を積み立てるようにインデックスファンドを一定額コツコツと長期間にわたって買い続ける手法を**「ドルコスト平均法」**と言います。

証券会社に口座を開いて、毎月同じインデックスファンドを一定額買う、そのための資金も銀行から自動引き落としにしておく、という設定をしておけば、何もせずに放っておくだけで資産運用をすることは可能です。

「面倒くさそう」「難しそう」と思っている人は多いと思いますが、インデックス投資に関わる理論を学んでしまえば、ほかにほとんどやることはありません。

これ以上細かい説明は、資産運用の書籍に譲りたいと思いますが、もし将来資産運用をやろうと思った場合は「インデックス投資」「ドルコスト平均法」というキーワードを覚えておいてください。

それに関して詳しく説明した書籍などを読んで投資を始めれば、大失敗することはありません。もちろん、これは確実に大儲けできる方法ではありませんが、インデックス投資で大損をした場合、プロの投資家はもっと大損をしている可能性が高いです。

好きなことで、生きていく……？ブログとユーチューブで収入を得る方法。

2014年に放送され、(一部で)話題をさらったCMがあります。動画サイト「ユーチューブ(YouTube)」に動画をアップすることで収入を得ているユーチューバーと呼ばれる人たちが出演するCMです。キャッチコピーは「好きなことで、生きていく」という、まともな大人は苦笑い、あまりまともでない人には琴線《きんせん》に触れるものでした。

さて、ユーチューブに限らず、ウェブ上で収入を得る手段として大きな割合を占めるのが「広告収入」です。おそらく動画ならばユーチューブ、ウェブサイトならばブログ、これらが双璧となるでしょう。ウェブサイトを見ていて、サイトのあちこちに掲載されている四角い広告を目にしたことがある人は多いと思います。あれが「ウェブ広告」です。

広告で収入を得ているわかりやすい企業が、テレビ、ラジオ、新聞、雑誌などのマスメディアです。CM枠を宣伝したい企業に売ることで、視聴者や読者に対しテレビやラジオならば無料で、新聞や雑誌ならば極めて低価格で販売することが可能になっています。

そのウェブ版ですから、仕組みとしてはそれほど複雑ではありません。**ウェブ上に表示される広告をクリックしてもらうことで、動画を公開している人やブログを書いている人が収入を得られます**。これは個人に限らず企業が運営するサイト、たとえばヤフー・ニュースやフェイスブックといったウェブサイトでも、規模の違いを除けば同じ仕組みです。

ちなみに、こういった個人・企業をとわずに利用できる広告の仕組みで最も有名なものは、グーグルが提供する「アドセンス」です。

では、こういった広告で収入を得ることは、どれくらい難しいのでしょうか?

広告については、ウェブサイトの内容や掲載の仕方、タイミングなどによって広告収入は大きく変わりますので、ここから先はあくまで一般論ということになりますが、**1PV当たりの広告収入は0・1~0・3円**と言われています。

PV(=ページビュー)とは画面が表示された回数です。1人の人が5本の記事を読めば5PVです。もしその1本の記事が3ページに分割されていれば15PVになります。

広告収入は「クリック率」と「クリック単価」で決まります。1000回ページが表示されたときのクリック率が1％でクリック単価が30円ならば、30円×1000回×0・01＝300円、つまり1000PVあたり300円の収入、1PVに直せば0・3円です。動画から得られる広告収入も再生1回で同じ程度だと言われています。

「アフィリエイト」という名前も聞いたことがあるかもしれませんが、仕組みはウェブ広告と同じで、報酬の支払いが、クリックした時点か、商品が売れた時点か、という違いだけで大きな差はありません。

さて、この数字をもとに会社員並みに収入を得るには、どれくらいのPVや再生回数が必要なのでしょうか。

「アルファブロガー」といって、個人でもマスメディア並みにアクセスを集めているブログのPVは、月間100万PVを超えます。あまり売れていない雑誌の発行部数は数万冊程度ですから、個人ブログのほうがよっぽど影響力が強い場合もあります。

ただ、**100万PVでも1PVあたり0・3円と考えれば、得られる収入は30万円、やっと平均的な会社員くらい**ということになります。

家で適当な文章を書くだけでそれだけ収入があれば大儲けじゃないかと思われそうですが、実際にこれだけのアクセスを得られる人は、テレビに出ている芸能人か、そうでなければよっぽど面白い記事を書ける人だけです。こういった人は１万人に１人もいません。ちなみに、ブログで最もアクセスを集めている人は、おそらく歌舞伎役者の市川海老蔵さんです。以前、月間１億ＰＶを超えたと話題になりました。この数字は、有名なニュースサイトでもかなり大きな数字です。新聞社でもそれくらいの数字という会社もあります。ブログだけで月収３０００万円か!!　と勘違いしてしまいそうですが、市川さんは自身でブログを運営せず、サイバーエージェントが運営する「アメーバブログ」の芸能人ブログで書いていますので、広告収入のすべてを受け取っているわけではないようです。

市川さんは、大河ドラマの主役を演じた上に歌舞伎役者という伝統芸能の分野でも実績のある人ですから別格になります。また、**彼ほどではなくとも多数のアクセスを集めるブロガーの多くは芸能人**です。知名度の低い人のブログをよく読んでいるという人は少ないと思いますので、これはある意味で仕方のないことです。

自分の好きなことを書いて儲かるなら素晴らしい！　自分もブログを始めよう!!　と

思った人がブログを書き始めるとどうなるでしょうか。

たぶん月間で数百PVです。そのうち半分以上が自分で自分のサイトを見たPV、残りはフェイスブックなどで更新情報を掲載すれば友人も多少は見てくれるかもしれませんから、身内のPVということになります。得られる収入は、数十円から100円程度でしょうか。

そして、ほとんどの人は月に100万PVどころか1000PVも超えられずに執筆が面倒になり、放置することになります。

動画についても、100万PVも見られる動画を作ることは並大抵ではありません。

たとえば、たくさん見られた動画として2014年に話題になったディズニー映画『アナと雪の女王』の中で松たか子さんが歌った『レットイットゴー』の公式動画は、再生回数が1・2億回です。

これが広告収入を得るためだとすれば、1000万円から3000万円程度でしょうか。これはこれでもちろん大金ですが、これだけの知名度がある映画の動画であってもこの程度と考えれば、生活ができるだけの収入を得られる人はブログと同様にごく一部です。

日本で一番有名なユーチューバーであるヒカキンさんは、もともとスーパーの店員をしながらヒューマンビートボックス（口で楽器の音を出す演奏方法）の動画をアップロードしていたそうです。本当に人気のあるユーチューバーは数千万円から億単位の収入があるそうです。言ってみればヒカキンさんもユーチューブ・ドリームを叶えた一人ですが、大成功と言えるレベルに到達する人はごく一握りです。おそらくその可能性は、芸能界で成功するより低いと思われます。

ヒカキンさんは子供に人気もありますので、塾講師として働く友人から「たまに本気でユーチューバーを目指している子供がいて困る」といった話も聞きます。これについては、どうしてもやりたいなら好きにすればいい、ということにはなりますが、その**子供が大人になるころにそもそもユーチューブで稼ぐという仕組み自体が残っているかという根本的な問題もあります**。

ウェブ上では訓練を受けたプロの新聞記者や雑誌記者の記事を無料で読むことができます。動画も、一生かかっても見切れないほどアップロードされています。そのほかスマホのゲームや、ツイッターやフェイスブックなどのSNSもライバルです。

そういったプロのコンテンツやSNSでの楽しい時間と比べて、素人のヘタクソな記事やつまらない動画がアクセスを集めることは、言うまでもなく無理です。

ヒカキンさんを真似てフリーター生活をしているような人はたくさんいると思いますが、その多くは「こんなはずじゃなかった」と後悔しているはずです。ブログでもユーチューブでも、月に1万円も収入があれば相当稼いでいるほうです。

また、**自分の顔や名前をさらしてネットで情報発信をすることは、当然リスクをともないます**。自分もブログを書き、ウェブメディアを運営しているのでわかりますが、ネット上には「こんな人はクラスメイトにいなかったよなあ」……と思うようなおかしな人がたくさんいます。自分はある程度慣れてしまいましたが、初めてこういった人に遭遇すると、たいていの人は恐怖を感じると思いますが、ネットで情報発信をすると必ずついてくる問題です。

ブロガーでもユーチューバーでも、好きでやっていたらいつの間にかアクセスが増えて大成功していた、という人は少なくありません。ある意味、運の世界です。

しがらみだらけのユーチューバーとブロガーの実態。

多くの人が勘違いしている裏側として、文章や動画で儲けているように見える人たちの収入源は、いずれも**お客さんから代金をもらっているのではなく、あくまで「広告収入」であること**です。

すでに紹介したアドセンスは、読者・視聴者に合わせて自動的に最適な広告が表示されますから「広告で食べている」という意識はそれほど持たずにすみますが、広告主と直接契約を結んで広告を掲載する場合はどうでしょうか。当然のことながら記事や動画の中身に注文が入る可能性が高まります。

マスメディアであれば、広告主の要望で無理やり番組内や紙面で宣伝をするといったことはあまりありません。ただ、ここはホンネと建前が交錯しています。広告をたくさん出してるんだから、よその会社よりウチの商品をたくさん紹介してほしい、あるいは広告をたくさん出してもらっているから、いい場所に掲載してあげたい、といった「あうんの呼吸」が発生するのです。

そして、個人が相手の場合は、もっと露骨になる場合もあるようです。

たとえば人気ユーチューバーに、スマホのゲームの紹介をお願いするとします。完全に宣伝ですが、宣伝と言えば見てくれる人は減ります。そこで、「あくまでそのユーチューバーが自分の好きなゲームを紹介する」という体裁を取る場合もあります。これはブログでもよくあることで、人気のあるブロガーが企業に声をかけられて広告記事を一生懸命に書いていることもあります。

一時は「私のお気に入りの化粧品はコレ」という形で、多数の芸能人がある商品をブログで紹介していました。お金をもらっているんじゃないの？　と疑惑を持たれ、結果的に裏ではしっかり広告料としてもらっていることが判明し、大問題になりました。

これは芸能人やブロガーに限らず、各種メディアが「記事のふりをした広告」を多数掲載しているということで、「ステルスマーケティング」略してステマとして大問題になりました。現在では広告の場合はしっかり広告や宣伝、ＰＲといった表記をつけるように一定のルールが作られましたが、守っていないサイトは多数あります。ステマは自分に言わせれば広告収入を目当てに魂を売った、ということになります。

「ウェブで食っていくこと」と「広告費からお金をもらうこと」がイコールである状況を見ると、**ブロガーやユーチューバーが好き勝手に情報発信をすることは極めて難しく、普通の会社員や経営者と同じように取り引き先に気を使って働いていることがよくわかる**と思います。

自分がブログを書く際にステマのようなインチキ行為をやらずにすんでいるのは、車の両輪のようにファイナンシャルプランナー業とブログ執筆やメディア運営をしているからです。多くのまともな書き手を見ると、ブログだけで食っているという人はほとんどいません。数少ないブログだけで食っているブロガーやユーチューバーは一生懸命広告記事を書き、宣伝動画を作っています。ステマではなくても自分が好きでもないモノを宣伝して楽しいのでしょうか。結局は普通の仕事です。

ユーチューバーやブロガーに憧れる人の中には、ラクして儲けたいわけではなく雇用されて働くことによる制約から逃れたい人も多いと思います。そういった人は**職場にいなくても働ける能力、つまり専門的な能力を磨くことをおすすめします**。

最近では、ネット環境の普及で在宅勤務のハードルが大幅に下がり、多くの企業で取り入れ始めています。残る問題は、セキュリティと企業側の意識だけというところまできています。自由に働く方法として、在宅勤務に力を入れている企業を探すことも一つの手段でしょう。

「好きなことで、生きていく」

素晴らしいキャッチコピーですが、その裏には宝くじで損をする人がたくさんいるように失敗した人が多数いること、成功している人でも好きなことだけをやっているわけではなく、さまざまなリスクも背負っていること……こういった事実は知っておいたほうがいいですよ、とアドバイスしたいと思います。

「ラクして大儲け」は案外ラクじゃない件について。

いくつか確実に利益を得られる方法を紹介しましたが、地味であまり面白みがなかったものも多かったと思います。そこで、実際に自分がラクして大儲けした体験談をいくつか書いてみたいと思います。

子供のころですが、近所にゲームショップが2つありました。距離で言うと徒歩1分もないくらいの近さです。これらをA店とB店とします。あるとき、A店で「PCエンジン」という薄いカード型のゲームソフトを980円で売っていました。やけに安いと思った自分はB店に行き、そのゲームソフトの買い取り価格を聞くと何と2980円でした。

さっそくA店でそのゲームを買い、B店で売ることで2000円も儲けてしまいました。

当時、中学生だった自分にとって2000円は大金です。すぐに仲のよかった友人の一人にも教えてあげました。ただ、なんだか悪いことをやっているようで積極的にこの価格差を利用しようとは思えず、チョコチョコと取り引きをしているうちにB店はそのゲームソフトの買い取りをやめてしまいました。結局、自分は3枚、友人は2枚買い取りをしてもらった時点でこのフィーバータイムは終了です。

6000円も儲かったので特に後悔はありませんでしたが、B店が買い取りをやめた理由は明白です。よっぽど人気のあるゲームでもなければ、一つのゲームソフトの在庫はそんなにたくさん必要なはずもないからです。おそらくほかにも価格差に気づいた人が大量に持ち込み、在庫が増えすぎたのではと思います。つまり需要と供給で買い取りを中止するか、買い取り価格を下げるかでいつかこの状態がなくなってしまうことは明白でした。

パソコンを間違って90%引きで販売？　伝説の丸紅ダイレクト祭り。

もう一つ、今度はもう少し大人になってからですが、20歳すぎのころです。他店では20万円ほどもする最新のパソコンをなんと1万9800円で売っているネットショップがありました。価格を1ケタ間違っていることは明白でした。これはラッキーと思って注文をしたところ、案の定ネット上では大騒ぎになり、テレビでニュースとして報じられるまでの騒動になりました。

どうやらネット掲示板の「2ちゃんねる」で情報が多数の人に知れ渡り注文が殺到したようです。まだ「炎上」という言葉もなかった時代で、当時は「祭り」と呼ばれていました。

現在はこういったミスでお店側が責任を追及されないように、注文後に送られる自動返信メールには「後程送信する確認メールをもって取り引き成立です」といった文言が書いてあります。しかし、当時このお店の自動返信メールには取り引きが成立した旨がハッキリと書いてありました。クレジットカードで買った人は決済も終了していたようです。

そのお店は「丸紅ダイレクト」というお店でした。大手商社の丸紅グループが運営しているお店ですから、信用問題になると思ったのか結局取引に応じることになりました。数億円の損失が発生したとも言われていますが、購入者の中には何十台も注文してネットオークションで売りさばき大儲けした人もいたようです。結果的にこのお店は事件をきっかけに閉鎖してしまいました。

その後も間違った価格で販売するお店はたびたびありましたが、注文に応じたお店はほとんどなかったと思います。この話は2003年で10年以上前の話ですが、今でも「丸紅ダイレクト」と検索すれば当時の状況を説明したページが出てくるぐらい非常に有名な話です。おそらくネットショップ運営者には、今後も語り継がれる教訓だと思われます。

同じものが違う値段で売られていたら儲けのチャンス。

価格差を利用して利益を得ることは、実際のビジネスでも行なわれています。専門用語ではこれを**「裁定取引（アービトラージ）」**といいます。

まったく同じものが異なる場所で異なる価格で売られている状況です。最初に気づいた人は儲けることができますが、あとになればなるほど利益は減り、最終的に利益はなくなります。これはゲームショップA店とB店の話と同じです。もしこれがゲームではなく農産物で、お店の距離が100キロだとしたら、運賃と手間賃（人件費）を足したくらいまで価格差は縮まります。

中には**「目利き」、つまり価値を見抜く能力によってガラクタの中から価値のあるものを探し出し、利益を得ている人**もいます。お小遣い稼ぎならば、「せどり」といってブックオフの100円コーナーで売られている本の中から高く売れるモノを見つけてネットオークションで売る、といったやり方です。

もう少し規模が大きい話ならば、キロ単位でゴミのように売られている古着のジーンズを仕入れて、大昔に生産されていた価値のあるビンテージジーンズを見つけ出す、といった宝探しのようなことをやっている古着屋もあると聞きます。目利きと裁定取引の合わせ技のような稼ぎ方でしょう。

ただ、これらはいずれも手間がかかる上に「目利き」という能力で稼いでいるわけですから、一般的な仕事とさほど変わりません。一見するとラクして儲けているように勘違いしてしまいますが、テレビ東京で放送されている「開運！ なんでも鑑定団」を見ると、目利きの難しさやお宝を探し出す大変さもわかると思います。

高速取引ってなんだ？

今現在行なわれている株式投資でも、こういった裁定取引は行なわれています。

近年話題になったものが**「超高速取引（HFT）」**と呼ばれるものです。

人間が株の取り引きを行なえば、どんなに早くキーボードやマウスを操作しても売買の注文を出すまでに数秒はかかります。しかし、コンピューターを使って価格の変動を察知しコンマ数秒でもほかの人より早く取り引きができれば、他者より早いというだけで利益を得ることはできます。これも先ほどのA店・B店の話と原理は同じです。

しかし、これはどれくらいの速さかというと、千分の一秒とかそんなレベルです。その速さで判断と取り引きが可能な高度なシステムを準備できるのは、ごく一部の金融機関だけです。加えて、そんなことを一部の金融機関だけがやっているのはずるいじゃないか、といった苦情も当然出ますので、今後は規制がかかってもおかしくありません。


結論としては、**「ラクして大儲けは案外大変だし難しい」**ということになります。ラクをするために苦労をすると書くと変な表現になりますが、ドロボーをするために頭をひねるくらいなら真面目に働いたほうがよっぽどマシということになるのではないでしょうか。

ラクして儲かる話を探したところ公的制度ばかりになってしまったことは、決して偶然ではありません。所得の多い人から少ない人への資金移動、つまり税金による再分配は、市場経済や資本主義による格差を穴埋めするためにあります。

裁定取引で説明したように、市場経済ではラクして大儲けは運よく最初に「ゆがみ」を見つけた人しか利用できません。資本主義は、すでに書いたように「ラクして大儲けは案外大変だし難しい」という矛盾に満ちた仕組みです。つまり、**市場経済や資本主義の枠内で、ラクして大儲けは原則として存在しない**わけです。

「それでも何かラクして大儲けはできないものか」という人もいると思いますが、そういう人は必ず詐欺に引っかかりますよ、とでも言っておきましょう。

投資詐欺は頭のいい人でも引っかかる。

自分はファイナンシャルプランナー（以下、FP）ですから、資産運用のアドバイスもします。「投資詐欺外来」といって、詐欺の疑いがある投資をしている人にもアドバイスをしています。お客さん以外でも、たまたま知り合った人にFPであることを告げると、過去に投資詐欺で大損をしたのだが何か解決方法はないか、といった相談を受けることも珍しくありません。ただ、すでに詐欺と判明している場合はFPの仕事ではなく、弁護士や警察が対応するもので自分ができることは限られています。

投資詐欺で大損なんてバカで強欲な人が引っかかるものと思うかもしれませんが、実態はまったく違います。**本当にバカな人は大損をするだけの資金を貯めることもできませんから頭がよくて真っ当な仕事についているケースは珍しくない**のです。

投資詐欺に引っかかる人は投資をやろうというくらいですから、お金のこともちゃんと考えています。年金が大幅に減れば老後に困ってしまうと、将来のことまで計画的に考えているからこそ投資をするわけです。

ただ、投資の知識はありませんから、相手が詐欺師でウソをついていてもわかりません。投資詐欺がそれほど珍しくないということも知りませんし、まさか自分がだまされるとも思っていません。自分が見れば常識では考えられないような儲け話でも、それは投資の知識があるからわかることです。結局は頭がいいか悪いか、強欲かどうかもまったくと言っていいほど関係ありません。**単純にお金の知識があるかどうか**、それだけの話です。

中には、詐欺に引っかかっているのは明らかなのに本人は認めようとしない、といった自分の能力に自信があるぶんタチが悪いと思わされるようなケースも散見します。これもだまされたことがない、まさか自分をだます人がいるとは思わない、今まで失敗したことがないなど、仕事の能力が高くて過去に大失敗したことがないからこその態度です。

たとえば2007年に「円天《えんてん》」という電子マネーのようなものを使った出資詐欺事件もありました。100万円を預けると3か月ごとに9万円もらえるといった夢のような話で出資を募り、5万人から1000億円の資金を集めたとも言われています。預けたお金と同額の円天ポイントを毎年もらえ、その円天を使って買い物もできるという仕組みだったようです。

自分が初めてその存在を知ったのはテレビの報道でしたが、まだ事件としては摘発されていませんでした。顔をモザイクで隠された出資者が「円天生活サイコー！」と叫びながら買い物に興じている姿は、異様としか言えませんでした（※円天を使って買い物ができる場所として、全国の高級ホテルなどでイベントを開催してはさまざまなものを販売していたようです）。

実態はどうなっていたかというと、集めたお金を配当に回していただけということで典型的な自転車操業による詐欺です。100万円を預けると3か月ごとに9万円、年間で36万円ですから年利36％です。解約をされなければ元本を取り崩すだけでも3年くらいは耐えられます。後から加わった会員の出資金もあれば、参加者が増え続ける限り簡単には破たんしません。

そんなバカげた話が信じられた理由の一つに、有名人が広告塔になっていたこともあげられます。多数の有名人がエル・アンド・ジー主催のコンサートに出演していたようで、中には紅白歌合戦に出演していた歌手もいました。当然、摘発後は責任を問われて紅白出場を辞退したとも言われています。

この話でおかしいと気づくべきところは、「年利36％」という部分です。**出資金（資本金）に対してどれくらいの利益が出ているかは、「自己資本利益率（ROE）」という指標で見ます。**日本の上場企業のROEは平均で10％未満です。出資金に対して36％も配当を出さないといけないのであれば、最低でもROEが36％以上でないといけません。そんな超高収益企業があれば投資家はこぞって出資したがるでしょうし、銀行はいくらでも低利でお金を貸してくれるはずです。

そこまで有利な状況にある企業が小口で個人から少額ずつ、しかも36％という異常な高配当を約束してお金を集めるわけがありません。また、銀行ではない会社がまるで銀行のようにお金を預かることは出資法で禁じられています。

ちょっとでも投資に関する知識があれば、円天の仕組みは冗談のような話であることは10秒でわかるわけです。そんな話に何万人もの人がだまされて1000億円も資金が集まったというのですから、開いた口がふさがりません。詐欺事件が報じられるたび、胡散《うさん》臭い投資話に投じる百分の一でいいからアドバイス料として払ってくれればいいのに……とFPとしては思ってしまいます（※円天を運営するエル・アンド・ジーは強制捜査を受け、会社は倒産。現在は代表も逮捕・収監されています）。

牛肉をもらいながら楽しく運用？4000億円の被害を生んだ和牛投資。

震災後に破たんをした安愚楽《あぐら》牧場という和牛投資もありました。この投資詐欺の特徴は事業に実態があったことです。日本国内で飼育される牛の1割が安愚楽牧場に関わるものだったとも言われています。30年以上と長期にわたって経営されてきましたが、2011年に経営破たんをします。負債総額は4000億円を超え、想像を絶する規模でした。結果的に投資家に戻ったお金は200億円程度で出資金の5％まで減っていました。

つまり、投資家のお金を食いつぶしながら事業を運営し、配当を支払ってきたわけです。この規模になってしまうと、最初から詐欺だったのか、それとも途中から赤字を穴埋めするために詐欺的な行為でお金を集めるようになったのか、なんとも言えません。内部にいる当事者ですら、まともに事業の状況を把握していなかった可能性もあります。

また、これはもう定番ですが安愚楽牧場も有名人が宣伝をしたり、著名な雑誌などで紹介されていたことも被害の拡大に影響していました。

安愚楽牧場の場合は、利回りが数％程度（時期により異なる）と円天ほど極端に高いものではなかったようです。バブル期には定期預金でも6％くらいは金利がありましたので、余計にだまされる原因になった可能性はあります。安愚楽牧場のように長期間運用がうまくいっているように見えるものでも、当然のことながら事業が破たんするリスクを負っているわけです。ただ、**牛肉という目に見えるものがあるぶん、日々価格が変動する株より安全で確実に儲かると勘違いしている人も多数いた**のではと思います。

数千万円を投じていた人も多数いたようですが、不動産投資が株より安定していると勘違いされている状況と似ています。「和牛にお金を投資して配当をもらえる権利」も「マンションを買って家賃をもらえる権利（＝不動産の保有）」も、日々どれくらいの価格なのかはわかりません。

株式投資は価格が動くから安全。

株式投資ならば、平日は毎日取り引きされますから価格が日々変動します。これは投資をしたことがない人には怖く感じるかもしれませんが、実際にはまったく逆です。**日々価格が提示されるとは、今売ればいくらになるのかわかるということで安心材料なのです。**

和牛投資も、不動産投資も、自分が１０００万円投じたとして、それがどれくらいの価値なのかは売ってみないことにはわかりません。解約を申し出ても逃げられるかもしれませんし、不動産は売ってみたら５００万円にしかならないかもしれません。

つまり、**不動産は今いくらなのか時価がわからない**わけです。５００万円で売れればまだマシかもしれません。もしかしたら買い手がゼロで売ろうにも売れないかもしれません。その場合は、価値がゼロを通り越してマイナスになる可能性もあります。リゾート地のボロマンションが、数十万円で売られていることがありますが、管理費や固定資産税を考えるとゼロ円でもいいから手放したい人もいるわけです。

いっぽうで、株は１０００万円を投じたとして、今いくらで売買されているかは簡単にわかります。９００万円に値下がりして、これ以上損をしたくないと思ったらすぐに売って逃げることもできます。倒産してゼロ円になってしまうリスクは、複数の会社の株を買えば簡単に避けられます。

このようにいつでも売買ができる状態を「流動性が高い」と言います。資産運用において流動性が低いことは極めてハイリスクなのです。和牛や不動産への投資と株式投資、どちらが安全かは言うまでもありません。

このように、ほんのわずかな知識の有無が判断の差を生みます。いずれもラクして大儲けはできない、という原則を理解していれば1円も損をすることはなかった事例です。

まとめると、**ラクして大儲けは運以外では成り立たない、お金の知識を身につけておかしな儲け話に引っかからないことが一番の大儲け**ということになります。

自身はもちろん、高齢の両親とあまりコミュニケーションをとっていないという状況でしたら、ご両親にも注意してください。高齢者はお金を持っているので狙われる可能性が高いわけです。普段話す相手があまりいなくて親身に話し相手になってくれるからと、なんとも悲しい理由で投資詐欺や悪徳商法に引っかかってしまう高齢者は後を絶ちません。

株式投資など、まともな投資については当然のことながら否定しませんが、急がば回れということわざが示すように、コツコツとお金を貯めていくことがお金増やす最も簡単な方法であることをアドバイスしておきたいと思います。

バイキング式のレストランで給仕を待つ君たちへ。

この本では、主にお金に関する節約や貯め方に関して書いていますが、一つだけ「稼ぎ方」について書いてみたいと思います。

小飼弾さんという有名なブロガーがいます。もともとはライブドアが、まだオン・ザ・エッヂという会社名だったころ、ホリエモンこと堀江貴文氏にスカウトされて一緒に働いていたプログラマーの方です。

2008年3月15日とずいぶん前になりますが、小飼さんが自身のブログ〝404 Blog Not Found〟に書いた「バイキング式のレストランで給仕を待つ君たちへ」というタイトルの記事があります。自分の人生を左右した記事なのですが、内容を紹介したいと思います。

この記事は、「強者は弱者に手を差し伸べるべきでは？ なぜなら今強者となった人だってもともとは弱者だったのだから」といった主旨の記事に言及しています。

小飼氏はこの意見について、以下のように書いています。


「自分一人の力で強くなったか？　Ｎｏ．

手を貸してくれた人がいるか？　母を除けばＮｏ．」

「なぜどちらもＮｏとなりうるのか？

世の中には、『宛名のない善意』がいくらでもあり、そして今もなお増えているからだ。

私はそれを利用したに過ぎない。」


小飼氏は宛名のない善意として、道路や本、ネット上にある貴重で便利な情報などをあげています。どれも私のために作られたものではないが、私はそれらを利用することで能力を向上させて強者になることができた、と書いています。そして、「宛名の無い善意」には無料や安価なものが大量にあると説明します。

この本を書くために、自分はウェブをフル活用しています。たとえば、公的な制度はネット上にその仕組みがほぼすべて掲載されています。間違ったことを書かないように、記憶が曖昧な部分は公式サイトで確認をしています。これは普段の相談や執筆でも同様です。

小飼氏はさらに次のように続けます。

「そろそろお気づきだろうか。こういった『宛名のない善意』というのは、自らそれを使わなければ何も起こらないということを。たとえ自分の目と鼻の先にそれがあっても、自分で手をのばさなければそれは存在しないも同様なのだ。」

「しかし、手をのばせば、確かにそれはある。

それが、私を救ったものの正体である。」

「食べきれぬほどの料理が手をのばせば届くところにあるのに、なぜ給仕が来ないことを嘆き続けるのか。

それが私にはわからないのだ。

これが、『弱者』の立場から見た光景。」

「このｂｌｏｇも、そんなあまたの料理の一品として扱えばよい。不味ければ別の皿に手をのばせばいいのだ。」

「自己責任（self responsibility）なんて大げさなものはいらない。必要なのは、自ら手をのばすこと、self-help なのである。」

強者は弱者を助けるべき、という意見に小飼氏は一対一、人対人とは異なる視点から記事を書いています。つまり、**モノやモノを媒介した情報（本やネット）によって人を救うことはできるし、救ってもらうこともできると。そのために必要なことは、手をのばしてアクセスするだけだ**と言います。

人に質問することが、もはや手抜きとされる時代が来ている。

第1章で金融機関で働く友人の話を書きましたが、自分がお金の世界に興味を持ったのも、その友人が金融機関に就職したことがきっかけです。株で大損をしたこともありますが、その友人に株は面白いぞとおすすめされたことが原因だったりもします。

その後は損を取り戻してやるとウェブサイト上で情報を集めているうちに、さまざまな分野の専門家がブログで貴重な情報を公表していることも知りました。

そういった人たちは勉強熱心で、おすすめの本を紹介していることも多数ありました。幸い自分はそのころ作家を目指していましたので、ウェブで文章を読むことも、本を読むこともまったく苦になりませんでした。当時、経営や投資、経済など、マネー関連の書籍を大量に読み漁ったことが、今FPとして活動する上でベースになっています。

「投資をするには簿記を勉強しろ」と書いている投資家もいましたので、素直にそれにしたがって簿記の資格も取りました。簿記の知識は、投資や経営の本を読む際には極めて役に立ち、それまで無縁だったマネー本もすんなり理解できました。

自営業者となり、会社を興した今でも、簿記の知識は役に立っています。簿記の知識がなかったら、とっくの昔に破たんしていたと思います。

自分はお金の知識の多くを独学で得たことから、**「FPとして独立をしたい」とアドバイスを求める人にも、まずは本を大量に読んで簿記の資格試験の勉強をすればいいと伝えます**。ただ、それを真に受ける人はあまりいません。本を読んだ程度で独立できたら苦労しないよ、と感じるようです。簿記も、資格を持っているだけじゃ意味がない……と資格を取ったこともない人が偉そうに言うこともあります。当然、そんな反応をする人が独立してうまくいくわけもなく、しばらくすると見かけなくなります。

収入が少ない、仕事がない、と苦しい思いをしている人は多いと思います。将来への不安を抱えている人も少なくはないはずです。

日本は借金だらけで非常に危なっかしい状況ではありますが、まだ働けなくなった人が飢え死にするような状況ではありません。失敗しても死ぬことはないのだから、安心してチャレンジをすればいいのでは？　と、あえて無責任に叱咤《しった》したいと思います（独立や起業は積極的にはおすすめしませんが）。

小飼氏の意見は、成功した強者が上から目線で「やればできる」と言っているように見えるかもしれません。しかし、この記事の意味は、できないことをやれと無理を言っているわけではなく、やれることからやればいいと背中を押してくれていると自分は理解しています。

当時の自分はこの記事を読んで、今までのやり方は間違っていなかったんだと自信を持つことができました。当時は、ＦＰとして独立したいとずっと思っていましたが、まわりで賛成してくれる人は誰一人いませんでした。仲のいい友人からは「うまくいくわけないんだからヤメロ」とケンカになるほど反対されました。

両親も含めて、成功すると思っていた人は一人もいませんでした。それでも、保険を売らず有料相談だけで食っていくFPとして独り立ちすることはできました。

有料相談だけで食べているFPは国内ではほとんどいませんから、お手本もアドバイスをしてくれる人もまったくいないわけです。そんな中で**役立ったものは、書籍やインターネット上にある、身近にいる人は誰も持っていない貴重な情報、まさに「宛名のない善意」**でした。ブログを書いて集客するというスタイルもまた、インターネットやブログという「宛名のない善意」があったから成り立ったわけです。


わからないことがあると何でも人に聞く人がいますが、その人のまわりにいるのは世の中のあらゆることに精通している人ばかりでしょうか？ もしそうでなければ極めて狭く、そして偏った情報をもとに判断をしていることになります。

本で勉強する、ネットで情報を集める、と言うと手抜きに聞こえるかもしれませんが、実はその正反対です。**人に聞いた情報だけで判断するほうが、今はよっぽど世界が狭く、手抜きな行為となるわけです。**もちろん、ネット上にある情報は玉石混淆《ぎょくせきこんこう》ですから、自身に正しく情報を読み取る知識と判断能力があることは大前提の話です。

インターネットは、第三の産業革命と呼ばれるほど世の中を変えました。ネットは「宛名のない善意」にあふれています。インターネット自体も「宛名のない善意」です。それを利用する能力は、稼ぐ力と直結します。

お金の知識で生活水準は決まると書きましたが、「宛名のない善意」をうまく利用できるかどうかで収入の水準は決まります。

ところであなたは、「宛名のない善意」をどれくらい利用できていますか……？

Chapter 4

お金の使い方と生き方は同じ、という話。

ミニマリストはお金持ちへの近道？モノとお金と人生の関係。

この本を書く少し前に、オフィスや自宅で大量にモノを捨てました。

相談に訪れたお客さんからすすめられて初めて読んだ片づけの本が『人生がときめく片づけの魔法』（近藤麻理恵著・サンマーク出版）です。片づけごときでわざわざ本が出ているのかと思ったものですが、発行部数は100万部を超えていると知り、非常に驚きました。その後、著者のこんまり先生こと近藤さんはアメリカの雑誌「TIME」で「世界で最も影響力のある100人」に選ばれました。

近藤さんが本で書かれていることは、いらないものを捨てるだけではなく、ときめくものに囲まれて生活をしましょうということです。これはテクニックであると同時に生き方でもあります。

自分も片づけが苦手で、モノを捨てるのはもっと苦手です。部屋も事務所もゴチャゴチャ、お客さんが来る前に一生懸命掃除をするという毎日をくり返していました。そんなときにこの本の存在を知り、散らからない部屋にしようと考えるようになりました。

この本がこれだけ売れているということは、多くの人が片づけで困っていることを意味します。また、最近では「ミニマリスト」といって、極限までモノを減らしたライフスタイルが話題となっています。興味のある人は「ミニマリスト」で画像検索をしてみてください。「これから引っ越すんですか？」と聞きたくなるような、がらんどうな部屋の写真が多数見つかるはずです。

ただ、それがみすぼらしいのではなく、かえって余裕があり、余白のある空間が豊かに見えます。高級ブランドの洋服店に行くとわかりますが、同じ服が山積みになっていることはありません。モノにあふれた現代では、モノが少ないことはかえって希少な状況なのです。その対極にあるのがゴミ屋敷です。モノにあふれた部屋は、それだけで貧乏臭く見えてしまいますし、快適な住環境ではありません。

大ブームとなった断捨離は、すでに定着したライフスタイルと言ってもいいかもしれませんが、『新・片づけ術　断捨離』（やましたひでこ著・マガジンハウス）では以下のように説明しています。

断・入ってくるいらないモノを断つ
捨・家にはびこるガラクタを捨てる
離・モノへの執着から離れ、ゆとりある「自在」の空間にいる私

この本が出たのは2009年、『人生がときめく片づけの魔法』は2010年と、ミニマリストがブームになるずいぶん前だと思いますが、いずれも「モノを捨てて自分らしく生きる」という考え方には共通点があります。こういった本が売れているということは、モノと生き方の間には強い関係があると多くの人が感じていることの表れでもあります。

片づけはお金と人生の関係を考えるきっかけになる。

なんでお金の本で片づけの話？　と思ったかもしれませんが、モノと生き方に関係があり、片づけを追求していくことは、お金と生き方の関係を考えるきっかけにもなるからです。

「ミニマリスト」は名前のとおり、ミニマムあるいはミニマル、つまり最小限のモノで暮らす人を指します。最小限の範囲は人によって異なると思いますが、モノを減らそうとすれば、「自分にとって大切なものは何か」「大切なことは何か」おのずと考えざるをえなくなります。

第1章でやりたいことをやるために、やりたくないことをやらずにすむためにお金の知識を学んでお金を貯めてくださいと書きましたが、ミニマリスト的な考え方を生活に取り入れると、自分の生き方の輪郭がハッキリとしてくるわけです。

必要なものとそうでないものを考えることで、やりたいこととやりたくないことが明確になり、お金をかけるべきものとそうでないものが明確になるということです。漠然とお金や時間を費やしているモノ・コトをやめるきっかけにもなるはずです。

ミニマリストはモノが少ない人、部屋が片づいている人ということにはなりますが、それは入り口にすぎません。片づけの話から、なんでそこまで大げさな話になるの？　と不思議に思ったかもしれませんが、モノを思い切り減らして整理することはそれくらい人生に強い影響を与えます。

「買い物病」「自分へのご褒美病」はミニマリストになれば自然治癒する。

本書を書く上で「買い物病」を治したいという人にも会いました。ストレス解消に買い物をしてしまうというのです。

モノを買うこと自体が楽しいという感覚は十分理解できますが、必要のないモノまで大量に買ってお金を失い、部屋が散らかってしまうのでは、たしかにある意味で病気です。

そんな買い物病も、ミニマリストになると治るのではないかと思います。部屋を散らかすものはミニマリストにとって「異物、敵」と認識するようになるからです。

ストレスが原因で生まれた「何かを買いたい」という衝動は、買い物で一時的には解消されても、ストレスがたまればまた同じ状況になります。いっぽう部屋が片づけば、そもそもストレスがたまりにくい状況になります。

持ち物をバッサリと減らす過程で、大切なこと、必要なものがわかれば、無駄な買い物でストレスを解消するという行動にはならないはずです。それどころか無駄な買い物をするほうがストレスになりますから、自然と買い物病も「自分へのご褒美」という名の無駄遣いもなくなるはずです。

まだ自分はミニマリストと言えるほど、モノの量は減っていませんが、買い物をする際にはかなり慎重になりました。以前はケチという意味で慎重でしたが、最近は「自分の生活に本当に必要なのか？」という視点で判断するようになったと思います。

大量にモノを捨てた記憶が頭に残っていると、いつかは捨てるものを買うことをバカらしいと感じてしまうわけです。

お金の知識で部屋を片づける方法。

片づけ本やミニマリスト本を読んで、こんな部屋にしたい！　と思ったものの当初はなかなかうまくいきませんでした。ただ、「お金の知識を応用すればいい」とある日突然気づいた瞬間から一気にゴミ捨てに加速度がつき、最終的には家や事務所にあるものは半減しました。

こんまりさんが伝えるように、ときめくものに囲まれる生活を送るにはモノを捨てることがスタート地点になるはずです。

では、お金の知識を応用してモノを減らすとはどういうことでしょうか。

まずは、**「時価評価」**と**「損切り」**です。

時価評価とは、買ったときの値段ではなく今の値段で評価することです。お寿司屋さんの時価と同じで、「今いくらなのか？」で判断することを意味します。

一番わかりやすいのが洋服です。たとえば1万円で買った服があったとします。1万円は大金ですから、大金を出して買ったものをそう簡単には捨てられません。ただ、「それはいったい何年前の話？」ということを考える必要があります。

自分が捨てた服の中には、10年前に5万円で買った革のジャケットがありました。あまり着ていないし傷もないし、シンプルな形だからまだ着れるし、捨てるのはもったいない……と考えてしまいます。**捨てられないものの多くは、こういった「まだ壊れてないけど、もう使わないもの」**です。

しかし、実際に革のジャケットを着てみるとゴワゴワして積極的に着たいとは思えず、色味も今の好みとはずれています。今後は何があっても着る機会はないことがわかりました。それでも5万円も出したことが記憶に残っているため、この服には5万円の価値があるんだ、というイメージが残っています。だから捨てられないわけです。

では、もしこれをヤフオクで出品したり、古着屋に持っていったらどうでしょうか。よくて数千円、場合によっては買い取り拒否、つまりゼロ円かもしれません。どんなブランド品でも数年も経てば金銭的な価値はほぼゼロになります。これが「時価評価」です。

換金時の価値がゼロ円でもお気に入りならずっと持っていればいいのですが、そうではありません。時価評価で考えるとゴミを後生大事に抱えていることになります。これではただのバカです。実際、古着屋の買い取りに出したら1000円程度でした。

資産運用の世界では、株価が下がって大損をしたまま売らずに放置することを「塩漬け」と言います。大損した現実を認められず、いつかはもとに戻るだろうと持ち続けてしまう状況です。

実際には、売ろうが売るまいが損をしていることには変わりはありません。今後株価が上がると思えるなら持ち続ければいいのですが、実際にはそのように冷静に判断ができる人は少数派です。

株価ならいつかはもとに戻るかもしれませんが、何年も前に買った洋服の価値が上がることはまずありません。みなさんの家にも実家から持ってきたけど引っ越し以来触っていないもの、複数回の引っ越しを乗り越えてきたゴミがどこかで眠っていませんか？

それらに**換金価値がなく、今後利用することもないのなら、ハッキリと「ゴミ」であることを認識すべき**です。

トヨタ方式でゴミ捨てと部屋の整理をしてみた。

さて、考え方をマスターした後は、実践あるのみです。

そこで役に立つのが、トヨタ自動車の考え方です。トヨタ自動車は、日本で最も利益を出している会社です。トヨタの名を冠したビジネス書もたくさん出ていますが、トヨタの手法でも有名なものが「ジャスト・イン・タイム生産方式」です。

「必要なものを必要なタイミングで必要な分だけ生産する」

これがジャスト・イン・タイム生産方式で特に重要な手法です。

パーツを生産する取り引き先とも密に連携を取り、作りすぎや不足を生まないようにしています。そうすることで、パーツの保管に無駄なコストがかかったり、パーツ不足で車が作れないという状況を防いでいます。

この考えを片づけに応用するのなら、**「必要なものを必要なタイミングで必要な分だけ保有する」**ということになります。不要なものを大量に捨てるとき、この考え方は部屋の整理にも応用できると気づきました。

まずは、ざっくりと家にあるものを使用頻度で分類しました。「週に1回以上」「1か月に1回以上」「年に1回以上」「それ以下」といった感じです。

週に1回以上使うものは、机の上やキッチンのまわりなど使う場所や取り出しやすい場所に置きます。1か月に1回以上ならば引き出しや棚の奥にしまいます。年に1回以上ならば押入れに収納、使用頻度がそれ以下ならば捨てます。

驚いたことに、これくらい大雑把に分類すると頻繁に使うものは極めて少ないことに気づきます。たとえば、ボールペンは机の上のペン立てに入れてありましたが、使うものはごく一部で、それ以外はいつ買ったのか、どこでもらったのかもよくわからないものが何十本もありました。結果、ペン立てごと多くのペンを捨てました。

引き出しに入れていた文房具類のほとんどは月に1回も使わないので押入れ行きです。

これは調理器具や食器類でも同様です。普段使わないものはすべて押入れです。すると机まわりやキッチンはガラガラになってしまいました。

そして、押入れの中にしまってあるものやベランダに置いてある巨大なストッカーに保存していたものも、ほとんどが何年も触っていないゴミなのでドンドン捨てました。壊れているかどうかは、捨てる基準にならないのです。

片づけはゼロベースで考えます。**いらないものを捨てるのではなく、いったん全部捨てる前提で、どうしても必要なものだけを残します。**

ビジネスでは、過去のしがらみを捨てられないばかりに、新しい商品やサービスを作る能力があるにもかかわらず経営に失敗する事例があります。部屋の整理も同じです。もともとは空っぽの部屋があり、そこに必要なもの、好きなものだけを置くというのが正しい順番です。そうであれば、いったん「すべていらない」「全部捨てる」という前提で考えたほうがうまく片づけができるわけです。

ユニクロを運営するファーストリテイリングの企業ロゴなどをデザインしたことでも有

名な、アートディレクターの佐藤可士和さんという方がいます。佐藤さんは『佐藤可士和の超整理術』（日本経済新聞出版社）という本で「机は仕事をする場所であってモノを置く場所ではない」と明確に言い切っています。佐藤さんのデザイン事務所では整理を徹底して行なっているようで、本の中では何も置いていないシンプルで綺麗な事務所の写真が載っています。

佐藤さんが本を出すまで、整理にこだわるのには一つのきっかけがあったようです。有名な写真家の写真を紛失してしまい、何時間も探し回った挙句に見つかった場所は印刷所。整理されていれば紛失することもなかった、あるいはここにその写真は絶対にないと言い切ることができたのに、と非常に苦い思い出があったそうです。

家で生活をしていても、時間をかけてモノを探した結果、見つからずに仕方なく新しく買い、後になって考えられないような場所で見つかったという経験はないでしょうか。

時間を無駄にすることはお金を無駄にすることと同じです。そして、あるはずのものが見つからないことはストレスになり、散らかった部屋で生活することもストレスの原因です。

せっかくなのでお金の知識を利用して、今日からでも片づけを始めていただければと思います。

お金の問題はお金で解決すればいい、という話。

人の心はカネで買える……。

ホリエモンこと元ライブドア社長の堀江貴文氏のこんな発言が話題になったのは、もうずいぶん前のことです。もともとは自身の著書『稼ぐが勝ち』の中の一節ですが、堀江氏の歯に衣着せぬ言動と相まって賛否両論を呼びました。

ずいぶん過激な言い方ですが、**「お金によって人は動く」**と言い換えれば、真実を含んだ言い方です。インセンティブは「動機づけ」という意味ですが、成績に応じて給料が決まる「歩合給」「出来高払い」という意味でも使われます。お金は人が行動する動機になりうるということです。

この発言のさらに何年も前、ある人気作家の体験談として次のような話を読んだことがあります。その作家は、税務署から税金の額について誤りを指摘され、修正申告を迫られました。経費として申告した費用の一部が認められず、結果として収入（所得）が増えてしまったというのです。収入が増えれば当然税金も増えます。

その作家は、「これは納得がいかない。とことん税務署と戦う」と当初は考えていたようです。それに対して顧問の税理士から、「お金で解決できることはお金で解決したほうがいい」とアドバイスを受けたと言います。結果的に、作家はその言い分をスンナリと受け入れ、修正申告に応じたとのことです。

税務署の言い分が正しく争っても勝てないと思ったのか、それとも増えた税金の額がごくわずかで人気作家にとっては大した額ではなかったのか、もしかしたら税務署と争うときに必要なワタシ（税理士）に払う手間賃のほうが高いですよ、という状況だった可能性もあります。

いずれにせよ、その作家は**「世の中にはお金では解決できないことのほうが多いのだから、たしかにお金で解決できることはそうしてしまったほうがいい」**と納得したそうです。

ずいぶん昔に読んだ話ですが、強烈に印象に残っているエピソードです。自分がＦＰとしてお金のアドバイスをするときに、この考え方がベースになっていることにも最近になって気づきました。

時短勤務を取得するべきか否か、それが問題だ。

自分が受ける相談で一番多いものは「住宅購入」で、それが産休・育休・時短勤務のタイミングとぶつかっていることは珍しくありません。多くの人は、結婚して子供が生まれた後に家を買うからです。

以前、非常に収入が多く、時短勤務で仕事に復帰すると150万円ほども年収が減ってしまうという人がいました。

それが**一時的な減収だけなら仕方ないと割り切ることもできたかもしれませんが、仕事量が減れば得られる経験が減り、それだけ昇進から遠ざかってしまいます**。場合によっては「マミートラック」と言って、ラクだけど昇進コースから外れた部署に異動する可能性もあるかもしれないと言います。

これは、会社の対応としては問題があり、働く女性をうまく使うことができない企業が悪いということになるのですが、現実には多くの企業で発生しています。もちろん、それならフルタイムで復帰すればいいというほど単純な問題でもありません。小さい子供がいる状況でフルタイムで働くことは、ほとんどの人はできません。

「今後復帰するにあたってどうすればいいのでしょうか」と悩んでいるようでしたので、それなら減収の予想額である150万円をすべて家事代行やベビーシッターに使ってしまいフルタイムで復帰してはどうか、とアドバイスをしました。

150万円を1か月あたりに直せば12・5万円です。これをすべて家事代行やベビーシッターにつぎ込めば、家事や子育てはかなりラクになります。洗濯乾燥機や食器洗い機、ルンバのようなロボット掃除機などの便利な家電も、高価ですが家事の負担を軽減できます。外食を増やせば、家事の手間はさらに減らせます。

その方は近所に住む両親の手伝いも受けられるようで、月に10万円も使えばフルタイムで働くことは十分可能ではないか、ということでした。

つまり、お金で解決できる問題はお金で解決すればいいということです。前述の作家の話もしたところ、かなり納得したようでした。一時的に負担は増えても、キャリアを継続できるメリットのほうが大きいと判断したようです。

もちろん、これが万人にとっての正解ではありません。このお客さんのように収入が高く、キャリアを継続するメリットが大きい人だからこそのアドバイスです。これは経済学で**「機会費用」**と呼ばれる考え方です。

よく使われる例に大学へ通う費用があります。高校を卒業した後に大学へ通う費用は、学費だけではありません。大学に通えば働くことはできませんから、働けば得られた収入も失うことになります。これが機会費用です。

たとえば、高卒で年収300万円と考えれば、4年で総額は1200万円です。**高卒と比べて大卒の人は、生涯年収が学費に加えて1200万円以上高くないと、金銭的に大学に通った意味がない**ということになってしまいます。

ホリエモンは起業した人に対して、自分で確定申告なんてやるべきじゃない、確定申告にかかる時間のぶんだけ本業に集中して税理士に頼むコストを稼いだほうがよっぽどいい、とアドバイスします。これも機会費用の考え方です。

自分で確定申告を行なえば税理士のコストはかかりませんが、本業にあてる時間が減って、そのぶんだけ収入が減ってしまいます。

自分が1年で30万円も家事代行にお金をかける理由。

一時期、ウェブメディアで夫婦ゲンカに関する記事を立て続けに読むことがありました。その内容は、ほとんどが子育てや家事などの分担が原因となっているようでした。共働きで子供がいれば、多かれ少なかれ発生する問題ですから、ある意味で誰もが関係のある身近な話題です。

自分がアドバイスをするなら、「家事代行を利用すればいい」で話は終わりです。すべての家事を家事代行に任せることはできませんが、負担が相当軽減することは間違いありません。ケンカが絶えないようなら、お小遣いを減らしてでも利用したほうがいいのでは？　とアドバイスします。これも、お金で解決できる問題はお金で解決したほうがいいという話です。

家事代行は、1時間あたり3000円程度、安いところならば2000円程度で依頼できる会社もあります。1回3時間で週に1回お願いすれば、3000円×3時間×4回＝

3万6000円です。これで夫婦ゲンカが減らせるなら安いもの、という方は決して少なくないはずです。

自分も家事代行を利用していますが、年間で30万円もかかっています。最初は結構高くつくなあと思っていましたが、それによって得られている効果や節約できる時間を考えると十分もとが取れています。

最初にお試し価格で安くなっているからと申し込みをしたとき、何からやってもらえばいいかわからず、「とりあえず散らかっていた洗濯物をたたみましょうか」と提案されたのでお願いしました。洗濯物をたたむことにお金を払うなんてバカらしい、とそのときは思いましたが、実際に洋服やタオルが綺麗にたたまれてタンスに入っていると、気分が非常にいいのです。乾いた下着やタオルはどうせまた使ってすぐに洗うのだから、とカゴの中にグチャッと放り込んでいたときとは大違いです。

ミニマリストの話を書きましたが、自分は片づけのほとんどを家事代行にお願いしているので、たぶん正統なミニマリストとは言えません。ただ、日常の片づけを家事代行にすべてお願いしたことで、その先にある「モノを減らす」という根本的な問題を解決できたことは間違いありません。

「機会費用」で考えると、家事代行にやってもらうぶんだけ自分で掃除をやれば、それだけ仕事はできません。**家事代行に給料を払って、そのぶんだけ自分の仕事をするほうが効率はいい**のです。

これは「比較優位」という話でも説明できます。

比較優位は、もともと国家間の貿易で使われる考え方です。国によって、特産品や主な産業といった得意分野は大きく異なります。広大な国土のある農業国なら農産品を安く作れますし、工業が発達した国ならばテレビや車を作るのが得意です。自国ですべてまかなうのでなく、それぞれ得意なものを作って交換したほうが双方にとっては効率がいいわけです。

自分は掃除が苦手で嫌いです。いっぽうで文章を書くことは好きですし得意です。それなら、文章は苦手でも家事が得意で好きな人と仕事を交換したほうが双方ともハッピーになれます。

ここまで読んで、違和感を覚えた人もたぶんいると思います。効率は悪くても家事は自分でやりたい、家事代行に家事を任せて外で働いたほうが金銭的にはプラスかもしれないけど、見知らぬ人に自分の下着の洗濯なんて任せたくないし、家の中にも入ってほしくないなど。

「何でもかんでもお金で解決なんて嫌だ」という考えについて、もちろん自分は反対しませんし、間違っているとも思いません。

この章で伝えたいことは、**「お金で解決できる範囲」**を理解し、次に**「お金で解決したい範囲」**を考え（これで「お金で解決できるけれど自分でやりたいこと」もわかります）、結果的にそれらと**「お金では解決できないこと」**を切り分けられるようになる、という3段階のステップです。

夫婦で家事を押しつけ合ってケンカをするなどという状況は、自分から見ると本当にバカらしく見えます。この夫婦に、お金を払って家事を誰かに頼むという発想があればケンカせずにすむかもしれないのに、と思うわけです。

外食を増やして料理の手間を減らすのはいいけど洗濯や掃除まで任せたくないなど、人によって「どこまでお金で解決したいか」、考え方は違うと思います。そこは自身で判断し、夫婦ならばしっかり話し合ってください（ちなみに自分の場合は、料理以外は全部任せたい、です）。

ホリエモンがホテルに住む理由。

ホリエモンは現在ホテルに住んでいるそうです。過去のテレビでの発言が原因で自宅に右翼の街宣車が来てしまうということもあったようですが、ホテル住まいだと、極限までモノを減らすことが可能になり、結果的に本人も気に入ったライフスタイルになったようです。その過程で余計なものをすべて手放し、モノへの執着がなくなったと言います。

究極のミニマリストとでも言えそうですが、彼にとって興味があることはこれからやるビジネスだけなのでしょう。

自身の時間とお金を何に使うか？　これは生き方に直結する話です。

彼のスタイルは極端すぎて誰も真似はできないかもしれませんが、自分が家事代行にお金をかける理由も、ホリエモンがホテルに住む理由も根っこは同じで、**やりたいことに時**

間を使うためです。

家事代行に時短勤務と、あまり興味がないと言う人や関係がないと言う人もいたかもしれませんが、この章で伝えたいことは、**限られた貴重な時間とお金をどのように割り振って、どのように使うべきか、丁寧に考えてほしい**ということです。

今後は人口減少で人手不足が深刻化しますので、人に仕事を頼むコストが大幅に上がるかもしれません。いっぽうで、同じく人手不足により自身が働くことの価値が高まる、簡単に言えば、給料が増える可能性も強まります。どちらがより大きく上がるかは人によって異なります。

自分の状況で言えば、人件費が2倍になったのに、収入が増えなければ家事代行は雇えなくなるかもしれません(自分で掃除をする状況)。つまり、時間とお金の使い方は、人によって変わるだけでなく、その時代によっても変わるということです。

「ときめくものに囲まれると人生が変わる」という、こんまり先生のアドバイスは本当だった。

以前、友人から、「お店にはどんなお客さんが来るの？」と聞かれたことがあります。一言で表せば「いろいろ」です。住宅購入の相談が多いので30代の方が大半を占めますが、20代、40代、50代とそれ以外の年代の方も訪れます。お子さんにも話を聞かせたいと、高校生、大学生の方を連れてお客さんが来たこともあります。

収入も、働き方も、住んでいる場所もさまざまです。大富豪というレベルの人はさすがにいませんが、億単位の貯金をすでに保有している人もいれば、夫婦で何千万円と稼ぐ人もいます。もちろん、ごく平均的な収入の方もいますし、専業主婦で金銭的な収入はゼロという方もいます。

居住地も首都圏を中心に日本全国、たまに海外赴任中で一時帰国中に訪れるという方もいます。外国人の方もいました。お金を払ってお金の相談をする人がお客さんですから、比較的収入の多い人が主な顧客となります。

個人情報の漏えいにならない範囲で「いろんなお客さんが来るよ」といった話をしたところ、よくそれだけ多彩な人にアドバイスができるもんだね、と感心されてしまいました。多少のお世辞は含んでいるかもしれませんが、言われてみればそうだな、と自分でも不思議に思いました。

自分の家族構成は、会社員の父と専業主婦の母、それに2つ上の兄という4人家族です。ごく平凡な家庭で、何か特殊な人生を歩んできたというわけではありません。

たとえば「結婚して小さいお子さんがいる」という方でも、どちらも外資系企業で1000万円以上も稼いでいる夫婦もいれば、奥さんは専業主婦で旦那さんは平均的な収入、という方もいます。同じ年齢、同じ家族構成でも、環境はまったく違いますから、当然求められるアドバイスもまったく違うわけです。

ファイナンシャルプランニングは、「お金の視点から考える人生設計」と自分は説明しています。そのアドバイスをするわけですから、**自分が売っているサービスは「お金の視**

点から提供する人生相談」なわけです。

居酒屋で1人3000円に腰を抜かした話。

「投資の神様」と呼ばれるアメリカの投資家で経営者のウォーレン・バフェットは、「ウォール街（アメリカの金融街）は金持ちが貧乏人に相談をする不思議な場所だ」と言います。

バフェットに関する著書は多数あり、彼はこういった面白く皮肉な言い回しをする人物でもあるのですが、実態は投資会社を経営する世界でも1、2を争うお金持ちです。過去にはマイクロソフトの創業者であるビル・ゲイツを抑えて、実際に世界一のお金持ちになったこともあります。

この言葉の意味は、毎月給料をもらう金融機関のサラリーマンが、何億、何十億という資産を保有する資産家にアドバイスをしているのは変だ、ということを言いたいようです。

バフェットは、「企業の価値や成長性に注目して投資するのだから、サラリーマンなんかより自ら会社を興して資産を築いた事業家自身のほうがよっぽど投資アドバイスに向いている」と言いたかったのかもしれません。

自分の場合も（残念ながら）このケースに当てはまっています。

自分より収入が高い人、資産を保有している人にアドバイスをすることは珍しくありません。環境も収入も資産も違う、ましてや外国の方ならば人種も育った国も違う、そんな人になぜアドバイスができるのか。友人に改めて問われて、考えたことがなかったな……と答えに詰まってしまいました。

そして、しばらく考えてから「それは料理が好きなことが大きな理由かもしれない」と答えました。

友人は何の話をしているんだと思ったかもしれませんが、自分は料理が趣味で、幼稚園児くらいのころから平気で包丁を握っていました。一人暮らしを始めてからも料理は頻繁に作っていました。お金がないので仕方なくという面もありましたが、単純に自分で作ったほうが安上がりな上に美味しいからです。

大人になって初めて居酒屋に行ってワリカンで３０００円を払ったとき、この程度の料理で3000円⁉　と腰を抜かすほど驚いたことを覚えています。

飲食店の原価として食材費は平均すると30%程度と言われます。3000円払っても食材費は一人あたり900円程度ですから、お酒も含んでいることを考えればスーパーの食材を使った家庭料理と大差はありません。特別に腕のいい料理人でもいない限り、美味しい料理にはならないのは当然です。これなら自分で作ったほうがマシだなあと感じた当時の印象は決して間違っていないわけです。

そのころアルバイト先で休み時間に、カップラーメンやコンビニ弁当をモリモリと食べる人を目にして驚いたことも覚えています。一人暮らしをしても自炊していたので、それらのものをほとんど食べたことがなかったからです。

コンビニ弁当とインスタント食品は貧しさの象徴だった。

料理とお金のアドバイスには何が関係あるのでしょうか。

それは、**心が貧しくならずにすんだ**という面です。

今はコンビニ弁当も美味しくなっていると思いますし、カップラーメンもたまに食べると十分美味しいと思います。ただ、何となく物足りないものを感じてしまいます。それは自分で作っていないからです。食材を買って料理をして食べる、ここまで含めて食事だと自分は感じているんだなあ、とずいぶんと大人になってから自覚するようになりました。

コンビニやインスタント食品の会社で働いている人には申し訳ないですが、そういった食事は自分にとって貧しい生活の象徴だったから、無意識に避けていたのだと思います。ここで言う「貧しさ」は、お金以上に精神的な意味においてです。

この章の冒頭で紹介した書籍『人生がときめく片づけの魔法』では、ときめくもの（お気に入りのもの）に囲まれた生活を送りましょう、とアドバイスしています。その中で女性読者には可愛い部屋着を着ることもおすすめしています。女性らしさのカケラもないジャージでは、誰に見られなくともセルフイメージにマイナスの効果があるとのことです。

この項目を読んだとき、自分が無意識ながらやけに料理にこだわっていたのと同じ話かもしれない、と感じました。つまり、**カップ麺やコンビニ弁当を食べている自分は理想の自分ではない**わけです。

アルバイト先で自分だけ弁当を持ってきている中、同僚がみんなカップラーメンを食べていた光景は今でも覚えています。そこは誰もが知る大手出版社でしたが、メインの事業からは外れている部署でした。その中でさらに下っ端のアルバイトとして働く自分はあくまで仮の姿であり、当時はいつか作家になりたいと思っていましたので、現実と目標のズレがあまりに大きい状況でした。

こんな生活いつか抜け出してやる！　といった明確な意識とか、ハングリー精神があったわけではないのですが、ここは自分がいる場所ではないという思いが常にありました（その後は紆余曲折を経てFPとなり、今では小説やシナリオではなく住宅本やマネー本を出すことになったのですから何とも不思議な気分です）。

節約より大切なこと。

普段のアドバイスでも、「趣味にこんなお金を使うのは贅沢ですか？」「習いごとをこんなにたくさんやらせるのはウチの家計では無茶ですか？」と相談を受けることもあります。

お金を貯めることだけが目的ならば、趣味も習いごとも全部やめましょう、で話は終わりです。「会社を休んでボランティアに行きたいのだけど無茶か？」といった相談もありましたが、これも同様です。

ただ、**人はお金を貯めるために生きているわけではありません**。ですから、そういった相談には「無理にやめる必要はありません。やりたいことを我慢しないですむために、お金のことを考えないといけないんです」とアドバイスをします。

ファイナンシャルプランナー（FP）は節約のことばかり教えている人だという印象はかなり強いようで、以前知人のFPがテレビに出た際に「FPは節約のプロ」と紹介されていて、ずっこけたこともあります。

この本で具体的に節約指南をしている箇所は、保険料、通信料、洋服代程度で、あとはほとんど節約には言及していません。その理由は、節約が難しいことと、そもそもお金を貯めることが人生の目的ではないからです。

たとえば、「子供の習いごとで月に10万円以上かかっているがどうしたらいいか？」という相談に、節約を重視するFPなら、効果がないのならやめさせてしまえばいいと答えるかもしれません。
生活できない状況ならその回答は正解ですが、そこまで金銭的に苦しければ、わざわざFPに言われるまでもなく、とっくにやめさせているでしょう。

結局は、習いごとに10万円以上支払うことに価値があると思うかどうかは、その人の価値観次第になりますので、**どこにお金をかけるか、かけたいかは、優先順位の問題**でしかありません。
結論としては、**お金を払っている以上すべての支出に意味はあるはずです**が、その中でも習いごとの優先順位が低いなら削りましょう、高いのであればほかの支出を削りましょう、お子さんが習いごとについてどう感じているかも聞いたほうがいいかもしれないですね、というアドバイスになります。

そんな曖昧な回答でいいの？　と感じた人もいると思います。イエス・ノーでハッキリと答えるのがFPの仕事じゃないのか？　と思うかもしれませんが、相談の現場でそういった明確な答えを出すと、たいていは的外れな回答になります。

やめさせましょうと言えば「いや、この習いごとはこういう意味があって……」とか、「将来、音楽家にさせたいわけではないけど子供の感性を育むために……」といった反論を受けてしまいます。

逆に問題ありませんと回答すれば、「それじゃあ貯金が増やせない」「老後が不安」「家のローンも大変」と振り出しに戻ってしまいます。

お客さんは、どちらが正しいか揺れ動いているからこそ相談するわけで、そこに白黒はっきりとした正解はないわけです。そうであるのなら、「そこに正解はありません。あなたがほかの支出との兼ね合いから優先順位を考慮して判断すべきです」と答えるしかありません。FPの役目は、その人にとって正しい答えを考えるための手助けをするだけで、一方的な結論を押しつけることではありません（なので、ユニクロとヤフオクで節約なんてくだらないと思った人はそれでいいわけです）。

つまり、何が重要でどこにお金をかけるべきかは、赤の他人である自分が口出しすることではないのです。偏ったアドバイスは一部のお客さんには響くかもしれませんが、多彩な人を相手にするＦＰの立場ではまず通用しません。

ハングリー精神より大切なもの。

自分がこういった回答をするようになった理由は、もちろんお金をいただくお客さんを一方的に否定できないという接客業としての立場もあります。しかし、それ以上に、**世の中には多種多様な考え方があり、絶対に間違っていることも、絶対に正しいこともない**んだというスタンスがあるからです。

そして、そういったニュートラルなスタンスは、心が貧しい状況にあればとることはできません。

自分は普段ウェブで記事を書くことが多いのですが、記事への反響を見ると極めて偏った考えに支配されている人をたびたび見かけます。なんで見ず知らずの人をここまで責めることができるんだろう？　と不思議に思うほど過激で攻撃的な書き込みをツイッターやフェイスブック、ウェブメディアのコメント欄などで見かけることも珍しくありません。

それはそれで参考になったり、興味深かったりするものではありますが、その人たちがあまり楽しそうな人生を送っているようには思えません。

たとえば、自分の記事に対してSNSで「こんなことを書く奴は収入の低い人の気持ちがわからないんだ！」というコメントを書き込んでいる人の経歴を見ると（プロフィールが嘘でなければ）、人並み以上の生活を送っているようにしか見えないといったケースもあります。自分のほうがこの人よりよっぽど底辺を這いつくばってきた自負はあるけどなあ……と苦笑いしてしまいますが、他者の意見を尊重したり、想像や理解ができない人は自分から見ると心が貧しいなあと感じてしまいます。

それで楽しい生活を送れているのなら別に構いませんが、そうでもなさそうです。本人が偏ったものの見方をしている、その原因に心の貧しさがある、そのせいで楽しい生活を送ることができていない……ということに気づかない限り、その人はずっと頼まれもしないのに勝手に怒り続け、SNSで気に食わない人を見つけては罵声《ばせい》を浴びせ続けるのでしょう。

自分は仕事として異なる意見（相談）に対峙《たいじ》していますので、それを否定するのでも肯定するのでもなく、受け止めざるをえない立場です。そこでアラ探しをして問題点を指摘するのでなく、こういう考え方もアリだよね、といいところを探している面もあるのかもしれません。

こういったことができた理由も、**お金に対してコンプレックスがなかった**からだと思います。その理由が**「料理」**です。

以前、テレビであるお笑い芸人が「コンビを組む相方は料理がうまい。だから若手で売れてないころからあまりハングリー精神がなかった」といった話をしていました。自分も似た状況だと思ったことを覚えています。**美味しい料理を自分で作れると、収入が低くても生活の満足度は一定レベル以下にはならない**わけです。

もちろん、これはあくまで食いしん坊な自分の場合ですから、バイクとか洋服とかお金のかかる趣味を持っている人は収入が低ければそうはいかないかもしれません。自分の場合は幸運でした。出版社のアルバイトで感じた居心地の悪さも、あくまで仕事内容や環境の問題で、金銭的な不満はそれほど大きくありませんでした。

外国人のお客さんにお金のアドバイスができた理由。

もしお金にコンプレックスを持つような状況であれば、相談に来たお客さんに「コイツ、金持ちのくせに、悩みもクソもないだろう」と反発を感じていたかもしれません。それでは、とても相談相手は務まりません。

年収1000万円で貯金ができない人は実際にいます。

誤解を恐れずに言うと、そういう人は自分から見て「面白くて興味深い存在」なわけです。どのようにアドバイスをすれば問題を解決できるか、納得してくれるか、という見方をしますので反発しようがありません。

すでに書いたように、自分の場合は貧乏生活でも心が貧しくならずにすんだ理由は料理でした。こんまり先生は、ときめく生活を送るには部屋を片づけた上で女性なら部屋着にこだわってはどうかとアドバイスをします。

人によって心が貧しくならずにすむものは洋服なのか、本なのか、映画なのか、音楽なのか、友人とのフットサルなのか、あるいは家族や恋人との時間なのか、まったく異なるでしょう。これは何か高尚な趣味を持ちましょうといった話ではなく、**満足できる時間を持つために必要なことは何か自覚しましょう**という話です。

FPとしては**「心が貧しくなるような節約だけはしないように」**とアドバイスをしておきたいと思います。

それは、お金が手段ではなく目的となるような本末転倒な話であると同時に、**心の貧しさはお金を遠ざけます**。シンプルに言うと、収入を下げる可能性が高まります。

自分の場合は、お金を扱うFPであるため、なおさらそうでした。コミュニケーション能力という言葉はあまり好きではありませんが、異なる考え方を持つ他者を理解し共感できることは、日常生活でも仕事でも極めて重要なことです。

外国人のお客さんにアドバイスをすることもあると書きましたが、そのお客さんにも何とか満足してもらうことはできました。相談後に、「じつは満足してもらえるかどうか、すごく不安だったんです」と正直に伝えると、お客さんも同様に変なアドバイスをされないか心配していたそうです。異国の地でお金の相談をするのですから、当然と言えば当然です。

そして、母国では小さいことにこだわって大きな間違いを犯したらダメだという意味のことわざがあって、そうではない、いいアドバイスをもらえたとのことでした。日本語でも似たような言葉がありましたよね……というので「たぶん、木を見て森を見ず、ですね」と言うと、日本語に堪能なそのお客さんはすぐに思い出したようでした。

自分は外国語を一つも話せませんし、人づき合いも下手です。それでも文化的なバックボーンが異なる外国人のお客さんにアドバイスができる理由は、心が貧しくならずにすむ生活を送っていたからだと思います。**お金は目的ではなく、楽しい生活を送るための手段にすぎません**。目先の節約を優先しすぎると、将来大きなしっぺ返しが来るかもしれません。まさに木を見て森を見ず、です。

この本で伝えたいことは、節約のテクニックではありません。お金の知識を学び、貯めたお金を何に使うか？　であり、それは生き方そのものです。

あなたは、どんな人生を送りたいですか？
理想の人生は、どんな生き方ですか？

どうすれば理想の人生を送れると思いますか？

すぐに結論を出す必要はありません。お金と人生の関係についてゆっくり考えてほしいと思います。

Chapter 5

貧乏人になる方法。

最後にお伝えすることは**「貧乏人になる方法」**です。

「こうすればうまくいく、こうすれば儲かる」という話は、実はなかなかありません。第3章で説明したように、必ず儲かることは公的な制度と偶然を除けばほとんどないからです。

いっぽうで**「こうすると失敗をする、損をする」という話はたくさんあります**。

つまり、テストの選択問題と同じで、正解がわからないときは、明らかに間違っている項目から排除していけば正解に近づくことができるということになります。

事前に「貧乏人になる方法」を知っていれば、消去法で損を避けることは可能なのです。

【タバコを吸う】

タバコを吸うと貧乏になって嫌われる上に死ぬ件について。

突然ですが、あなたはタバコを吸っていますか？

もし吸っているのならすぐにやめてください。

貧乏になった上に、死ぬ確率が高まるからです。

自分が子供のころ、父親から頼まれたお使いで買ったタバコは1箱200円程度でしたが、現在では460円程度と2倍以上の値上がりです。その原因は税金の増加です。タバコの価格の半分以上が税金となっています。今後さらに値上がりすることは間違いありません。

また、国立がん研究センターが運営する「がん情報サービス」というウェブサイトでは、喫煙により肺がんになるリスクは欧米では20倍以上、日本では男性が4・8倍、女性が

3・9倍となっています。肺がんは、ほかのがんと比べて死亡する可能性も高く、がんで死亡する人のうち、男性は肺がんが1位です（2014年）。

また、保険でも喫煙者は冷遇されます。

保険の種類によって「非喫煙割引」と言って、タバコを吸っていない人は割引の対象になり保険料は2割も安くなります。理由は言うまでもなく、タバコを吸っていない人のほうが死亡する確率が低いからです。別の表現をすれば**「タバコを吸うと死ぬぞ」とわざわざ保険会社が教えてくれている**わけです。

保険のアドバイスをする際も喫煙状況を聞くのですが、タバコを吸う人はほとんどいません。当店に訪れるお客さんは、収入が高く、夫婦で世帯年収が1000万円を超える方も多数います。**収入が高い人はタバコを吸わない**わけです。これは、厚生労働省のアンケート調査でも男女ともにはっきりと出ている傾向です（平成26年「国民健康・栄養調査」）。

昔と比べて喫煙する人の割合は減少傾向にあります。お金を払って不健康になるなんてバカらしいと、多くの人はすでに気づいています。

昔からの友人の言動を見ていてもタバコに関する意識はずいぶん変わったなと思うことがありました。

こんなことを書いているくらいですから、自分はタバコが嫌いです。飲食店でタバコを吸う客に隣に座られて嫌な顔をしていると、タバコを吸わない友人から「タバコの煙なんか気にするなよ」と何度も言われたことを覚えています。これは10年以上前の話です。

それが最近、同じような状況で自分がゲホゲホと咳をしたところ、すでに飲食も終わっていたため店を出ようとその友人から提案されました。店を出てから気を使ってもらって悪いねと声をかけると、「禁煙じゃなくても、仕切りもないお店で今どきタバコなんか吸わないだろ」と言うのです。

たしかにそのお店は小さく仕切りもないため、タバコを吸えば店中がタバコの煙に包まれる状況でした。タバコの煙なんか気にするなと言っていた友人でしたが、ずいぶん意識が変わったようです。

喫煙者の立場からは、タバコを吸っているだけで差別されるなんておかしいと文句を言われそうですが、**タバコを吸うだけで嫌われるという状況は確実に増えています**。

「仕事中にタバコを吸う人はその間仕事をしていない。吸っていない人と比べて不公平ではないか？」といったことが何年も前から話題にのぼるようになりました。これは、タバコを吸う人が少数派になっていることや、労働環境が厳しくなってきたことも原因です。

460円のタバコを1日1箱吸えば1か月で1万円を大きく超えます。タバコを吸っていた人の肺は、解剖をしてみると真っ黒になっているそうで、中学生のときの理科の先生は、その写真を見てから禁煙するようになったと話していました。

がんではありませんが、自分の父親も病気で大きな手術を2回もしていますが、どちらもタバコが大きな原因となっていたようです。病気で倒れてからやっとタバコをやめました。現在、禁煙の方法はニコチンパッチを貼ったり、禁煙外来で医師の指導を受けるなど、ただ我慢する以外にもいろいろあるようです。

さて、それでもまだあなたはタバコを吸いますか？

【料理をしない】
死ぬより生きてるほうが悲惨な場合もあるんです。

自分は、プロフィールに「お金より料理が好き」と書くくらい料理が好きです。それでも面倒臭いと感じるときはありますので、趣味ではない人が料理をしたくないと思うことはもちろん理解できます。それでも料理をしたほうがいいですよ、ということはアドバイスしたいと思います。

これは、単純に節約ができるという話ではありません。もっと重要なことは、**健康の管理**です。何を食べているかで健康状態は大きく左右されます。

外食の悪いところは、炭水化物と肉に偏ってしまうところです。肉は冷凍が可能で、必要なときに必要なぶんだけ解凍できます。炭水化物、主にお米や小麦粉は常温でも保存ができます。つまり、どちらもコストは低くすみます。

いっぽう、野菜は鮮度を保つことが難しく、そのときどきの気候で価格は大きく上下し、確保も難しくなりますので、安く食事をすませようとすると肉と炭水化物に偏ります。その代表例が、牛丼やファストフード（ハンバーガーとポテト）です。

普段、食事を安い外食ですませている人は、メニューを思い浮かべてみてください。野菜はごくわずか、場合によっては、ほぼゼロという人も多いでしょう。

野菜を食べれば必ず健康でいられるわけではありませんが、自身で料理をしていると、嫌でも食事と健康の関係を気にすることになります。

本書では、お金の話をたくさん書きましたが、すべての話は健康でいること、元気に働くことを前提にしています。病気になれば、その前提がすべて崩れるわけです。

元気に働けることは、老後の不安も大きく減らせます。老後の不安には、年金がもらえるかどうかもありますが、多くの人が働けなくなると思っているからです。**高齢でも元気に働けるだけ健康でいることは、立派なリスク回避の手段**です。

健康は、自分だけのために必要なことではありません。家族がいれば、病気になって迷惑をかけてしまいます。極端なことを言うと、死んでしまえば治療費はかかりませんし、生命保険を受け取ることもできますが、病気で倒れたり、働けない状況になれば、収入はないのに生活費も治療費もかかるという、みんなが困った状況におちいります。

死んでしまうことより「働けないのに生きている」ほうがよっぽど悲惨なのです。

【専業主婦になる】

節約で収入減少の穴埋めはできません。

自分が運営する店では、相談に訪れるお客さんのほとんどが共働きです。ほぼ100%と言っても過言ではありません。専業主婦の奥さんが来店されると「珍しいですね」と言いそうになるくらいです。

もちろん、どちらが偉いとか、いい悪いはありません。好きにすればいいということになりますが、金銭的には共働きのほうが有利であることは間違いありません。

第1章で、友人の奥さんが専業主婦になったことで貯金ができないという話を紹介しましたが、**専業主婦になることによる収入減少を節約でまかなうことはまずできません。**

300万円を稼いでいた奥さんが仕事を辞めてパートで働いた場合、収入は100万円程度まで下落します。その差は年間で200万円、10年で2000万円、20年で4000万円です。節約効果や、奥さんが外に働きに出ないことで発生しないコスト（ランチを外で食べる、仕事に必要なスーツを買うなど）を50万円とかなり大きく見積もった場合でも、その差は年間150万円です。

一度辞めた後に将来、正社員として復帰することは不可能ではありませんが、特殊な経験や資格を持っていない限り難しいと思われます。このような慣習は、人手不足で将来的に大きく変わる可能性もありますが、楽観的に考えすぎることは危険です。

女性がいまだに働きにくい環境で、仕事は辞めないほうがいいとアドバイスすることは何とも心苦しいのですが、これは金銭面で言えば客観的な事実です。

人手不足が進むほど、働くことのメリットは大きくなります。人手不足で給料が上がれば、物価が上がることも考えられます。**専業主婦になると、給料は得られないばかりか物価上昇のダメージも受けて、二重のダメージが発生するかもしれません。**

「ウチの旦那は給料が高いから大丈夫」という女性も離婚をすれば、そうも言っていられません（これは【離婚】の項目で説明します）。

「自分は給料が高いし雇用が安定しているから、奥さんは専業主婦でも問題ない」という男性も、そこまで楽観的だとトンデモない目に遭いますよ、とアドバイスをしておきます。

2000年以降の経済情勢を見ても金融危機はたびたび発生し、景気のサイクルは短い間にアップダウンをくり返すようになりました。経済が不安定で、企業の業績も不安定です。不安定な企業に雇用されて給料をもらう会社員だけが、世の中の流れから外れて安定していられるわけがありません。

経営者や自営業者は景気の波をダイレクトに受ける分リスクには敏感ですが、会社という防波堤がある人は、やはりリスク感覚が弱まります。もちろん、防波堤のおかげである程度は安定しているわけですが、それが絶対的なものでないことは言うまでもありません。


女性が仕事をせずに家にいることが何よりも重要ということであれば、まったく問題はありませんが、共働きと専業主婦のどちらかがいいか？ ということではなく、結局は、**夫婦がどういう生活を送りたいか？ という話**につながります。

これは当然「お金の話」と「お金以外の話」の両面で考える必要があります。

専業主婦志向が若い女性の間で強まっている状況はありますが、金銭面で考えれば当然のことながら、やめといたほうがいいですよ、ということになります。

【一人暮らしをする】実家住まいが最強。

最近では、社会人になっても実家住まいを続ける方は多いと思います。昔はいい大人になって実家にいるなんて……という見方もあったようですが、若年層の給与水準が下がったことも影響していると思いますので、あまり批判をしても仕方がないでしょう。

金銭的に見ると、実家住まいはどうでしょうか。これは「最高」ということになります。両親がいて、兄弟もいて、という状況ならば効率がいい生活スタイルです。説明するまでもなく、一人暮らしをすれば家賃や光熱費が余計にかかります。その額はどんなに安く抑えても年間で100万円を大きく上回ります。**まとまって暮らすことは極めて効率がいいわけですから、その対極にある一人暮らしは最も効率が悪い**ということです。

では、実家住まいの人がみんなしっかり貯金をしているかというと、そんなことはありません。それどころか、実家住まいをいいことに給料をすべてお小遣いにしている人もいます。

たとえば、20代の若者で給料が20万円だったとします。標準的な給料の水準ですが、家にお金を1円も入れず貯金もいっさいしていなければ給料がそのままお小遣いになります。では、毎月20万円のお小遣いを使える人は、本来どれくらいの収入がある人でしょうか。

首都圏に住み、夫婦共働きで子供が2人いて、住宅ローンも抱えている……。この状況で夫婦共にお小遣いを20万円使うには、世帯年収で1000万円以上必要です。加えて、お小遣いの額は2人合わせて年間で480万円と、とんでもない額になります。

新生銀行のアンケート調査によれば、**2015年の会社員のお小遣いは、平均で3万7642円**です（新生銀行・2015年サラリーマンのお小遣い調査　詳細レポートより）。

男女や年齢によって違いはありますが、いくつかあるアンケート調査でも3万円台が平均的な水準です。1か月で20万円はその6倍ほどです。社会人になりたての若者が、会社員の平均と比べて6倍も使っていると考えれば、いかに多いかわかると思います（バブル期でも7万円程度）。

核家族化でずいぶん減ったと思いますが、**結婚後に実家住まい、なおかつ共働きとなればさらにお金は貯まります**。旦那さんが奥さんの実家に住む状況をサザエさんの家族になぞらえて「マスオさん状態」と言ったりもしますが、要するに二世帯同居です。

おそらく最もお金が貯まる状況はお父さん・お母さん、その子供とパートナーの4人が同居して皆が働く4馬力の家庭でしょうか。世帯年収は極めて高く、支出は極限まで抑えられます。

ただし、65歳未満の働いていない同居人がいると保育園の申請でマイナスとなり、待機児童がいるような地域では保育園に入れない可能性があります。したがって子供が生まれた場合、3馬力では保育園を利用できないかもしれないので注意が必要です。あくまで4馬力です（なお、高額な二世帯住居を建てるとなればまた別の話になります）。

二世帯同居はできない人もいるのでいったん横に置くと、**独身時代と結婚後の子供が生まれるまでは、一番の貯めどき**です。子供が生まれてしまえば産休・育休、時短勤務、住宅購入、お子さんの教育費と、貯金をしにくい状況がずっと続きます。独身で実家住まいの人は、今が貯金をするための黄金期です。ぜひそれを忘れないでほしいと思います。

【リボ払い】

お金を捨てたい人に最適な返済方法♪

普段クレジットカードの買い物で「リボ払い」は利用していますか？

YESと答えた人は即刻やめてください。リボ払い専用のカードはすぐに解約してください。

リボ払いとは、残高にかかわらず毎月の支払額が一定額という返済方法らしいです。「らしい」というのは、自分は一度も使ったことがないからです。「リボを使ったことがない」と話したら、どうやって買い物してるの？　と聞いてくる友人がいました。その友人は、リボ払いが当たり前という生活をしているようで衝撃を受けました。「分割じゃないと払えない買い物なんてそんなに頻繁にするの？」と聞き返すと、単純に貯金が極端に少ないということでした。

借金をしないと買えないものは住宅と車くらいでしょうか。あとは、負担が重い大学進学時に借りる奨学金や教育ローンなど、借金をする機会はその3つくらいです。会社を経営していて設備投資をするといった場合を除けば人生で借金が必要なことはほとんどありません。

リボ払いがクセになっている人は、貯金をしてから買うという形に変えてください。すぐに買わないと生きていけないものは、普通に生活をしている限りまずありません。

リボ払いの利息は、低くても10%を超えます。いっぽうで預金による金利は0・1%もつきません。貯金はあるのにリボ払いをする人は、10%の利息で調達した資金を百分の一以下の金利で運用しているような状況です。これは一言で言えばバカです。お金を捨てたい人だけやってください。

資金ぐりの観点で言えば、手元の資金を確保して減らさないために借金をすることは決して間違ってはいませんが、そもそも借金をしてまで買う必要はありますか？　ということを考えてください。すでに書いたとおり、借金の必要があるケースは、家・車・教育・

会社経営くらいです。

ボーナスで何とか帳尻を合わせているような人は、破産寸前であることに気づいてください。

リボ払いではなく「ボーナス払い」は、利息負担なしで支払いを先送りできる素晴らしい仕組みです。これは金利ゼロでお金を借りられるようなもので本来はいい仕組みです。ただ、いくら使っているのか把握できないような人にはまったくおすすめしません。

結局、**カード払いは、家計の管理やポイント取得、現金の持ち歩きが不要といったメリットだけを利用して、借金をする目的で使うべきではありません**。

【独身で家を買う】
何千万円も払って足かせを買う人たち。

普段、自分が住宅購入の相談に乗っているお客さんは、ほとんどが小さいお子さんのいるご夫婦です。結婚して子供が生まれてから家を買うというのは一つの流れです。これが正しいかどうかはまた別の話ですが、多くの人は結婚をしてから家を買います。

いっぽう、独身で家を買う人も一部にはいます。これは傾向として女性が多いようですが、住む場所だけは確保しておきたいという希望があるようです（ご夫婦の場合は、家を欲しいと考えているのが男女どちらかに偏っている印象はほとんどありません）。

独身時代に家を買うデメリットは、「ライフプランが固まっていないから」の一言に尽きます。転職をすれば、家を買った場所から通勤が便利とは限りません。結婚後には一人暮らし用の家は手狭でしょう。結婚したら貸せばいい、といい加減なアドバイスをする人

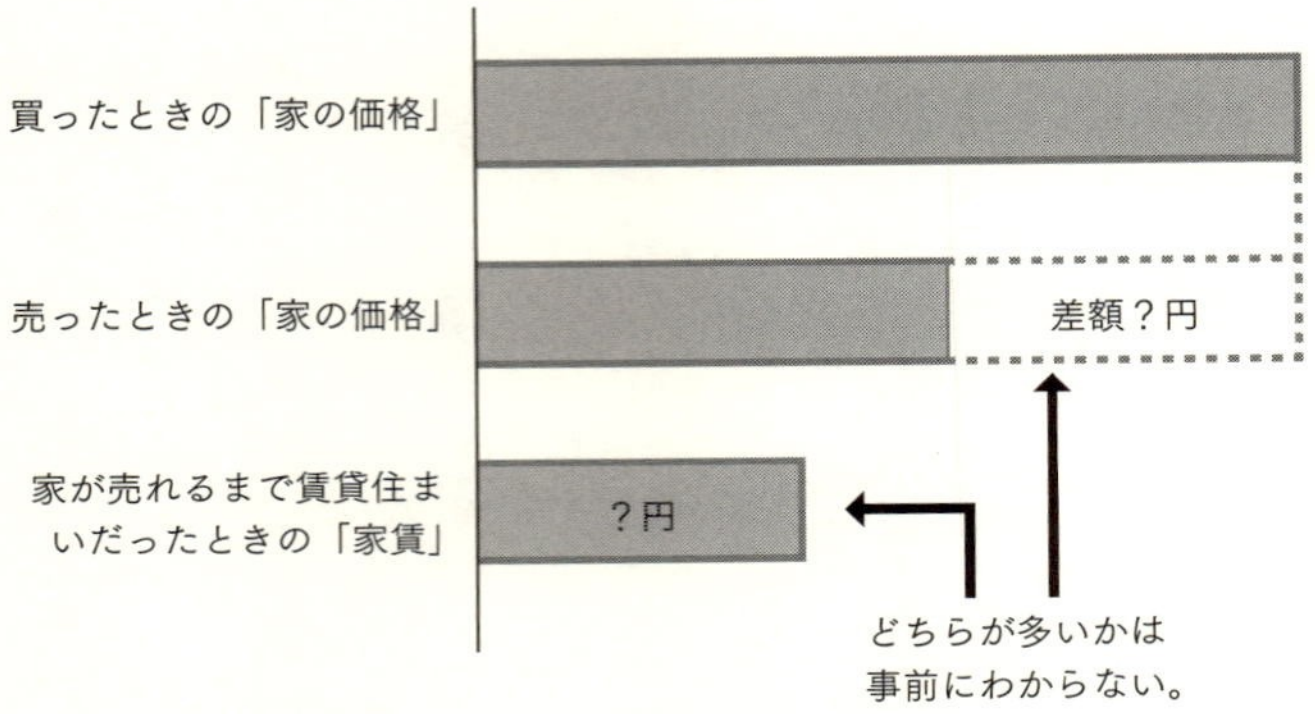

もいますが、これは不動産投資と同じです。そんな簡単に投資がうまくいくのなら誰も苦労しません。

邪魔になったら売ればいい、いい場所にあれば売れると考えている人もいますが、自分の望むタイミングに望む価格で売れるかどうかはまったく不確実です。価格の下落分と、その間に払う家賃のどちらが多いかは誰にもわかりません。

生涯独身でずっと住み続けるという場合でも、死ぬまで家を買った場所が便利であり続けるとは限りません（これは結婚後に買った場合でも同じです）。結婚後に夫婦でローンを組む際には、独身時代のローンが邪魔になります。

……と、このように考えていくと独身で家を買うことのメリットは果たしてあるのか？　ということになります。運よく人気地域として注目され値上がりしたり、インフレで不動産価格が上がるくらいしかメリットは思いつきません。

趣味としてどうしても持ち家が欲しいということであれば、無理には止めませんが、ずいぶん高くつく趣味になります。買ったほうがおトクという考えでしたら、それは勘違いです、とアドバイスしておきます。

【車を持つ】

その車、使ってませんよね？

若者の車離れが進んでいると言われます。原因は明白で、若者の収入が下がっているからです。では、収入が高い人はどうでしょうか。これは、収入が高い人でも車を持っていない人のほうが多いです。首都圏では特にハッキリしています。

東京や大阪といった収入の高い地域に住む人は、車の保有率は極端に低いです。説明するまでもないと思いますが、電車が網の目にように走っているからです。

車に乗るのは休日だけという人は、365日のうち年間の休日は120日程度ですから3分の1程度です。これはまだ使っているほうです。月に数回という人は、1回あたりの乗車コストは数万円になっているかもしれません。週1で計算すると、年間で52回です。年間の保有コストが50万円だとしたも、1回あたり1万円です。**買い物に使っている程度**

ならばタクシーを呼んだほうがよっぽど安上がりです。結局、**割に見合う使い方をしている人は、通勤で必要な人や車がないと生活ができない地域に住んでいる人だけ**です。

買い物のたびにタクシーを使う、と聞くと贅沢に思うかもしれませんが、これは支払いの回数が多いからそのような錯覚を生んでしまうだけです。支払総額で言えば、タクシーに切り替えたほうが劇的に支払額を減らせるという人は少なくないでしょう。

車を趣味として考えている人はそれでも構いませんが、あくまで道具として持っている人はコストに見合った使い方をしているか改めて検討してください。子供が小さいときは頻繁に使うから持っていたほうがトクだけど大きくなったらあまり使わないので無駄、という家庭もあると思います。手放すタイミングを間違えないようにとアドバイスしたいと思います。

車を手放す金銭的なメリットは、年間数十万円と非常に大きい額になりますので家計に大きな影響を与えます（※保有コストは、駐車場代や車種、使用頻度、自動車保険などによって大きく変わりますので、自身の保有コストはいくらなのかしっかり確認することをおすすめします）。

【離婚】

離婚をすると貧乏人になります。特に女性。

離婚をすると貧乏になります。これは客観的な事実です。

母子家庭の14・4％は生活保護を受給しています（父子家庭は8％）。また、死別と生別（離婚・失踪等）を比べても、生別のほうが母子家庭・父子家庭とも受給率は高くなっています。母子家庭ならば受給の割合は、死別が9・6％に対して、生別が14・8％です。生別だと、生命保険などを受け取っていないことも理由と思われます。

シングルマザーの雇用形態は47・4％がパート・アルバイトなどで、収入が低いことも容易に想像できます（データはいずれも「ひとり親家庭の現状と支援施策の課題について」厚生労働省2013年5月29日より）。

生活保護を受給する主な理由は、「高齢者で年金も少ない」「病気や障害などで働けない」、もう一つが「母子家庭で収入が低い」です。働けないか収入が極端に少ないことが原因です。

日本では、離婚をすると女性の側が子供を引き取ることが多いようです。話し合いによる協議離婚で解決できず、離婚調停や裁判になった場合は9割ほどのケースで女性が親権を取っています。

それがいいかどうかはわかりませんが、子育て費用がかかるいっぽうで働き方は非正規雇用の、非常に苦しい生活を送っている人は少なくありません。それが生活保護の数字にも表れています。

また、**女性の側が別れた夫から養育費をしっかりもらっているケースは2割程度**とも言われています。

さらに突っ込んだ説明をすると、その養育費ですら、相場となる養育費算定表では極めて低く設定されています。たとえば別れた夫の年収が500万円、奥さんが200万円の場合、子供が1人ならば2〜4万円、2人ならば4〜6万円と非常に低い額です（夫婦ともに給与収入、子供が0歳〜14歳の場合）。

もちろん夫婦仲の悪い状態で生活を続けていくことが、本人や子供にとっていい状況なわけがありません。離婚をしないようにではなく、それ以前の話として離婚をするような状況にならないように、ということになると思います。

離婚の原因には、浮気、ＤＶ（暴力）、借金、ギャンブルなど、さまざまあります。避けようのない離婚もあると思います。ただし、離婚の代償は、夫婦にとっても子供にとっても極めて大きいわけです。

【子供を産む】
子供のいない夫婦は貯金が多いという身も蓋もない話

普段、自分が行なっている相談で、一番問題になる部分が「住宅ローンの返済と教育費の両立」です。

家を買うだけなら問題はありません。子供の教育費だけでも問題が起きることはありません。両方が重なると負担が重くなり、収入が高い人でもキツイという状況になるわけです。加えて、収入が減るリスクもありますから、無茶な予算で買わないほうがいいですよ、ということになります。

子供を産めば、奥さんもその間は働けません。当然、仕事に復帰しても、お子さんが小さいうちは時短勤務になります。ある程度大きくなって時短勤務を終えても、お子さんが生まれる前ほどには働けません。すると、**残業も含めて本当にバリバリと働けるようにな**

るのは出産から10年以上経ってから、ということになります。

収入減少分は、その人がどれくらい稼げるかによりますが、正社員の方であれば５００万～１０００万円くらいにはなるのではないでしょうか。**産休手当や育休手当、児童手当はもらえますが、収入減少を穴埋めするほどにはなりません。**

教育費と収入減少で子育ての負担は極めて重いということがわかると思います。お子さんのいらっしゃらない共働き夫婦は、貯金が極端に多いことがよくあります。子育ての費用がかからず、収入減少もないわけですからある意味で当然です。

自分はお金を貯めるには子供が邪魔、と言いたいわけではありません。客観的事実として子育て費用の負担は極めて重いということです。

今後は高齢者が急激に増え、医療費や年金、介護の負担が若い世代に重くのしかかります。この状況で、国が子育てに関する予算を短期間で大きく増やしてくれるとは期待できません。

保育園が不足して待機児童が多数いることや保育士の給料が低いこと、大学の学費負担が重く、多額の奨学金の返済義務を抱えて若者が社会人になること。こういった事実はすでに社会問題として知られるようになりましたが、**高齢者向けの予算が優先されている状況で、子育て費用の負担が大幅に減ることは残念ながらあまり期待できません。**

収入が低くても子育てはできると書きましたが、あくまでできるというだけで、習いごとをさせたり、塾に行かせたり、大学に通わせたり……とお金のかかることはたくさんあります。多くの人は、子育て費用を「割り切る」ことができず、ほかの生活費を圧迫することになると思います。今の日本で子供を産んで育てることは、金銭的に相当な覚悟が必要なことは間違いありません。

【私立学校に通わせる】
私立学校の代償は老後にやってくる。

住宅購入の相談で問題になるのは、住宅ローンの返済と教育費の両立だと書きましたが、特に負担が大きいのは私立学校の学費です。公立と比べて年間100万円ほども負担が大きくなりますので、お子さんが2人、3人といれば、その負担は極めて重くなります。

小学校から私立に通わせたい、という人はさほど多くはありませんが、中学校から私立を検討している方は首都圏だと特に多いようです。都心部では、私立中への進学率が30%を超える区もあります。

では、多額の学費を払っても私立中学に通わせたい理由はなんでしょうか?

自分のお店に訪れるお客さんの多くは、お子さんがまだ1歳とか2歳の未就学児です。中学校どころか小学校もまだ何年も先という状況で、私立中学に通わせたいと考えている方は珍しくありません。

将来のことを考えるのはもちろんいいことなのですが、私立中学に通わせたい理由はどうしても行かせたい学校があるのではなく、**単純に公立中学を信用していないから**なのです。予算が許すのなら私立小学校も検討するのではと思います。

イジメで不登校になったり、自殺をしてしまったりといったニュースが報じられることもありますので少しでもいい環境で教育を、とご両親は考えています。私立ならばイジメがなくなるわけではないと思いますが、収入による「ハードル」があることで公立より安全と考えているのかもしれません。

実際には、私立中学を検討している人のほとんどが自身は公立中学を卒業しています。それで立派に育ってお子さんを私立中学に通わせられるくらいの収入があるわけですから、公立中学でもそこまで問題があるとは思いません（もちろん、地域や時代によって大きく変わると思いますが……）。

これについては、**私立中学もお金のかかる趣味と同じで優先順位の問題**です。どうしても通わせたいのであれば、ほかの支出を抑える以外に費用を捻出する方法はありません。

1人あたりの年間子育て費用
生活費・学費・選択的支出（小遣い・通信費等）の合計額（単位：万円）

	出産時	0歳	乳幼児（〜3歳）	幼稚園（〜5歳）	小学校（〜11歳）	中学校（〜14歳）	高校（〜17歳）	大学（〜21歳）
公立	**49**	**39**	**37**	**45**	**45**	**74**	**93**	**178**
私立	**49**	**39**	**37**	**71**	**158**	**154**	**144**	**247**

大学卒業までにかかる合計費用 →

公立	約 **1800** 万円
私立	約 **3200** 万円

公立と私立の学費はこんなにも違う

最も負担が重いのは私立大学です。一人暮らしで仕送りも必要となれば、その負担はさらに大きくなります。奨学金をしっかり利用することはもちろんですが、学費や生活費の負担が大きくなりすぎないように、子供がアルバイトで多額の収入を得ないと成り立たないような状況にはならないよう注意が必要です。

教育費の負担はまだ先の話という人も多いと思いますので、今の時点で決める必要はありません。事前にしっかり考えて準備をしておくことと、そのときどきの状況に合わせて臨機応変に対応すること、この両方が重要です。

なぜなら、**私立中学に通わせる予定でいた人でも、**

収入が激減してしまうということもありうるからです。教育にはできるだけお金をかけたいという希望は理解できますが、家計が金銭的に苦境におちいれば、教育以前の問題です。

結婚が遅くてお子さんの独立が定年と重なる人や、お子さんを2人とも私立大学に通わせたい人は、支払いができたとしても重い負担が老後資金に直接響きます。

幸い、教育費を祖父母から受け取っても贈与税はかかりません。**ご両親に余裕がある場合は、援助をお願いすることも一つの手段**です。

奨学金の項目でも書きましたが、大学進学率は現時点でも50%を少し超える程度です。大学に行かないと生きていけないわけではありません。私立学校や大学の進学は、子供の将来だけでなく、自身の将来=老後も考慮した上で慎重に検討してください。

中嶋よしふみ（なかじま・よしふみ）
1979年生まれ。2011年にファイナンシャルプランナー(FP)のお店「シェアーズカフェ」を開業。翌年に開設した「シェアーズカフェのブログ」は5か月で月間アクセス14万件を突破。ファイナンシャルプランナーとして圧倒的なブログのアクセス数を誇る。現在は日経DUAL、アゴラ 言論プラットフォーム、Yahoo!ニュース 個人、ハフィントンポスト日本版など、多数の媒体で執筆をする。対面では新婚カップルやファミリー世帯向けにプライベートレッスン・セミナー・相談などのサービスを提供。生命保険の販売や住宅ローンの仲介などをいっさい行なわず、FP本来のスタイルで営業中。2013年にマネー・ビジネスをテーマに各種士業や大学教授など、多数の専門家が書き手として参加するウェブメディア「シェアーズカフェ・オンライン」を開設、編集長を務める。2014年4月にシェアーズカフェ株式会社へ法人化。お金よりも料理が好きなFP。
著書に『住宅ローンのしあわせな借り方、返し方』(日経BP社)がある。

一生《いっしょう》お金《かね》に困《こま》らない人《ひと》
死《し》ぬまでお金《かね》に困《こま》る人《ひと》

2016年10月5日　第1刷発行

著者　中嶋《なかじま》よしふみ
発行者　佐藤靖
発行所　大和《だいわ》書房
東京都文京区関口1-33-4
電話　03-3203-4511

ブックデザイン　藤塚尚子、荒井千文（ISSHIKI）
図版　朝日メディアインターナショナル
カバー印刷　歩プロセス
本文印刷　厚徳社
製本所　小泉製本

©2016Yoshifumi Nakajima,Printed in Japan
ISBN978-4-479-79544-5
乱丁本・落丁本はお取り替えいたします
http://www.daiwashobo.co.jp

大和書房の好評既刊

短時間で「完全集中」するメソッド

心理学ジャーナリスト
佐々木正悟

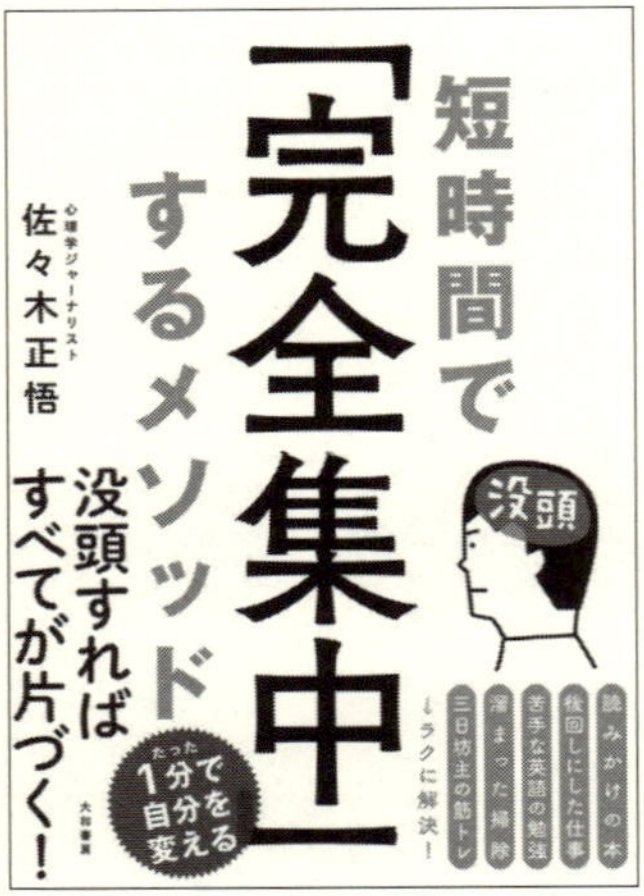

没頭すればすべてが片づく!

あなたは、面倒なことをつい「後まわし」にしていませんか?
読みかけの本、後回しにした仕事、
苦手な英語の勉強、溜まった掃除、
三日坊主の家計簿……
これらすべてを解決する方法が、
「時間を忘れるほど没頭してしまうこと」です。
たった1分でできる「40の方法」を紹介!

定価（本体1300円＋税）